인물과 역사와 오늘

인물과 논술이 만나다!
1단계 인물이야기
2단계 그때 사람은
3단계 요즘 사람은

살아있는 인물 열어가는 역사

고려 광종에서 조선 성종까지 ③

지은이 모난돌역사논술모임
만화 그린이 박한별

모난돌

살아있는 인물 열어가는 역사
고려 광종에서 조선 성종까지 ❸

2014년 3월 10일 초판 발행
2019년 8월 1일 개정 1판 발행

지은이 모난돌역사논술모임
만화 그린이 박한별
펴낸이 김경성
펴낸곳 모난돌
주소 경기도 가평군 청평면 은행나무길 8.
전화 02)508-7550
등록 2009년 10월 27일
등록번호 제 2009-000287호
홈페이지 다음카페 '모난돌학교'

이 책을 만든 사람들
책임 편집 김하늘
표지·본문 디자인 박한별
가격 12,000원
인쇄 프린트세일

ISBN 979-11-86767-12-2

Copyright ⓒ2010 by monandol Company All rights reserved
First edition printed 2010, printed in korea

이 도서의 국립중앙도서관 출판예정도서목록(CIP)은 서지정보유통지원시스템 홈페이지(http://seoji.nl.go.kr)와 국가자료공동목록시스템(http://www.nl.go.kr/kolisnet)에서 이용하실 수 있습니다. (CIP제어번호 : CIP2017010605)

이 책 어느 부분도 발행인과 모난돌출판사에서 제공한 승인 문서 없이 일부 또는 전부를 사진, 복사기 및 현재 알려지거나 향후 발명될 어떤 전기적, 기계적 또는 다른 수단을 통하여서라도 복사, 재생하여 이용 할 수 없음

머리말

재주와 학문을 남을 위해 썼기 때문에 훌륭한 위인이다.

 지난 겨울은 매우 춥고 지루하게 길었습니다. 우리 집 베란다에 옹기종기 놓인 화분도 겨울이 참 힘들었는지 몇 개는 말라버리고 말았습니다. 그러나 새봄이 되니 용케도 그 추위를 견딘 나무들이 하나 둘 연둣빛 새순을 피웠습니다. 말라버렸다고 물도 안 준 마른나무에서도 새순이 올라왔습니다. 비록 잎은 지켜냈지 못했지만, 뿌리만은 지켜 새순을 피워내기 위해 안간힘을 썼을 나무가 더욱 대견했습니다.
 어렸을 때 읽은 위인전에는 재능이 뛰어난 귀한 사람이 많이 있었습니다. 좋은 집안에서 태어나 훌륭한 스승에게 배워 위대한 업적을 이룬 위인이 부럽기만 했습니다.
 평범한 꼬마는 그런 인물 이야기에 그만 주눅이 들었습니다. 이제 어른이 된 그 꼬마는 어린이에게 들려줄 인물이야기를 썼습니다. 어른이 되어 다시 만난 위인은 어릴 적에 보지 못한 점이 있었습니다. 좋은 집안에서 태어난 사람이나, 어려운 형편을 딛고 이름을 남긴 사람이나 가지고 있는 것이 두 가지 있었습니다.
 첫 번째는 꿈을 이루기 위해 많은 노력을 했다는 점입니다. 밤새워 책을 읽으며 공부하고, 훌륭한 스승이나 좋은 책을 찾아 먼 길을 마다않고 달려갔습니다. 마음에는 자기 꿈에 대한 뜨거운 사랑이 있었습니다. 그 마음이 노력으로 이어졌습니다.
 두 번째는 나라를 위하고 백성을 사랑하는 마음이 남달랐습니다. 정조 임금을 도와 수원화성을 건설하며 우리 과학 기술을 한층 발전시킨 정약용, 바람이 숭숭 들어오는 삼베옷으로 겨울을 지내야 하는 백성이 가여워 목화씨를 가져온 문익점 등. 나라와 백성을 먼저 생각하는 마음이 컸기에 백성이 따뜻하고 편안히 살 수 있는 나라를 만들고 싶어했습니다.
 이 책을 쓰며 위인은 자기가 가진 재주와 학문을 남을 위해 썼기 때문에 더욱 훌륭한 사람이 된 것을 알았습니다. 이 책을 통하여 위인이 했던 노력과 열정, 그리고 이웃을 먼저 생각하는 마음이 널리 퍼지기를 바랍니다.
 모진 추위 속에서 새봄에 피울 싹을 위해 뿌리를 지켜낸 나무처럼 위인이 꿈을 이루기 위해 자신을 담금질하면서도 잊지 않았던 따뜻한 마음이 다음 세대에 위인이 될 어린이 여러분에게 전해지기를 간절히 바랍니다.

벚꽃 향기 가득한 봄날에 김은주

목차

41 훌륭한 인재를 등용한 광종　09
- 인물 이야기　힘 있는 임금이 되어야 한다
- 그때 사람은　인재를 뽑을 수 있는 과거제도
- 요즘 사람은　나라 살림을 맡아하는 공무원을 뽑아요

42 침략을 막아낸 서희와 강감찬　15
- 인물 이야기　거란을 막아낸 서희
- 그때 사람은　고려를 차지하려고 쳐들어온 거란
- 요즘 사람은　정보기술을 차지하려고 벌이는 전쟁

43 자주 국가를 꿈꾼 묘청　21
- 인물 이야기　자주 국가를 꿈꾼 묘청
- 그때 사람은　좋은 땅을 찾아라
- 요즘 사람은　너무 복잡한 서울

44 삼국사기를 쓴 김부식　27
- 인물 이야기　후손에게 우리 역사를 제대로 알리자
- 그때 사람은　≪삼국사기≫에는 어떤 내용이 기록되어 있나요?
- 요즘 사람은　나라 기록관에 다녀와서

45 나라를 바로 잡으려한 경대승　33
- 인물 이야기　문신을 잘 대해 준 경대승
- 그때 사람은　천대받는 무신이 일으킨 반란
- 요즘 사람은　멋진 군인이 되고 싶어요

살아있는 인물 열어가는 역사

46 노비 없는 세상을 만들려 한 만적 39

- 인물 이야기 노비 해방을 꿈꾼 만적
- 그때 사람은 힘없는 백성이 들고 일어났어요
- 요즘 사람은 내 마음대로 하고 싶어요

47 몽골에 끝까지 저항한 삼별초 45

- 인물 이야기 끝까지 몽골에 맞서 싸운 삼별초
- 그때 사람은 고려를 지켜낸 농민과 천민
- 요즘 사람은 경찰특공대에 대해 알고 싶어요

48 삼국유사를 쓴 일연 51

- 인물 이야기 백성 이야기도 역사다
- 그때 사람은 부처님 힘으로 나라를 지켜라, 팔만대장경
- 요즘 사람은 세계문화유산

49 원나라 간섭에서 벗어나려 한 공민왕과 신돈 57

- 인물 이야기 고려에서 원나라 간섭을 물리친 공민왕
- 그때 사람은 고려양과 몽골풍
- 요즘 사람은 다른 나라 친구도 함께 즐기는 우리 문화

50 고려에 끝까지 충성한 정몽주 63

- 인물 이야기 임 향한 일편단심
- 그때 사람은 시조로 자기 생각을 표현했다
- 요즘 사람은 글로 생각을 표현하기는 너무 어려워요

목차

51 화포로 왜구를 물리친 최무선 69
- 인물 이야기 화포로 왜선을 물리쳐라!
- 그때 사람은 왜구가 쳐들어와서 못살겠어요
- 요즘 사람은 중국 사람이 우리나라 바다에서 물고기를 잡아요

52 백성에게 따뜻한 옷을 입게 해준 문익점 75
- 인물 이야기 목화를 들여온 문익점
- 그때 사람은 우리나라 사람은 무엇으로 옷을 만들었을까요
- 요즘 사람은 여러 가지 특별한 재료로 옷을 만들어요

53 조선 건국 일등공신, 정도전 81
- 인물 이야기 조선을 세우는 데 큰 공을 세운 정도전
- 그때 사람은 계획도시 한양
- 요즘 사람은 궁궐 나들이를 가요

54 조선을 세운 이성계 87
- 인물 이야기 고려를 무너뜨리고 새로운 나라를 세운 이성계
- 그때 사람은 두문불출(杜門不出), 조랭이떡 이야기
- 요즘 사람은 생각이 같은 사람과 일해요

55 왕권을 키운 이방원 93
- 인물 이야기 강한 왕권을 세운 이방원
- 그때 사람은 왕권과 신권이 서로 충돌도 하고 돕기도 한다
- 요즘 사람은 여당과 야당이 서로 겨루며 나라를 발전시킨다

살아있는 인물 열어가는 역사

56 백성을 위해 글자를 만든 세종대왕 99
- **인물 이야기** 백성을 위해 글자를 만든 세종대왕
- **그때 사람은** 읽고 쓰게 된 백성
- **요즘 사람은** 세종대왕상

57 위대한 과학자 장영실 105
- **인물 이야기** 신분을 딛고 일어선 과학자 장영실
- **그때 사람은** 천문학이 발달한 조선 시대
- **요즘 사람은** 우리 생활에 도움을 주는 일기예보

58 훌륭한 재상 맹사성과 황희 111
- **인물 이야기** 검소하게 살며 백성을 돌 본 맹사성과 황희
- **그때 사람은** 욕심 없는 관리를 뽑아요
- **요즘 사람은** 모범이 되는 공무원에게 청백리상을 주어요

59 사육신과 생육신 117
- **인물 이야기** 하늘에는 두 해가 없고, 백성에게는 두 임금이 없다
- **그때 사람은** 임금이 어리면 나라를 제대로 다스릴 수 없을까?
- **요즘 사람은** 사육신공원에 가다

60 경국대전을 펴낸 성종 123
- **인물 이야기** 유교나라를 든든히 세운 성종
- **그때 사람은** 엄격한 법으로 나라를 다스려요
- **요즘 사람은** 법에서 정한 대로만 해야 하나요?

일러두기

이 책으로 공부하는 법

이 책은 역사 속에 나오는 인물을 통해서 역사와 논술을 배우도록 만들었습니다. 이 책을 꾸준히 읽으면 옛날 사람이 사는 모습을 통해서 그 시대도 알 수 있게 될 것입니다.

1단계 소리 내서 읽기

책 읽기는 내용을 알 수 있다는 목적 말고도 좋은 보기글을 보는 기회가 되기도 합니다. 책을 꼼꼼하게 소리 내서 읽으면 내용도 자연스럽게 마음에 남게 되고, 글을 쓸 때 자기도 모르게 좋은 문장이 만들어진답니다.
소리내서 또박또박 읽어보세요. 역사에도 밝아지고 쓰는 힘도 커질 것입니다.

2단계 내용 되새김하기

어떤 책이라도 읽고 나면 감동이나 기쁨, 또는 분노나 슬픔처럼 마음에 느낌이 남습니다. 그 느낌을 잘 다듬으면 살아가는 마음가짐도 잘 다듬어집니다.
이 책도 읽을 때마다 자기 느낌을 되새겨 보고 정리해 보세요. '나였으면 이때 어떻게 했을까?' 라던가, '이렇게 한 것은 참 잘한 것 같아.'라는 식으로 읽은 내용을 되새겨보세요.
단계마다 주어지는 문제도 생각해서 쓰면 됩니다.

3단계 쓰기로 마무리하기

'구슬이 서 말이라도 꿰어야 보배'라는 말이 있습니다. 옛날에 살았던 인물과 그때 사람이 어떻게 살았는지도 알았고, 요즘 사람이 어떻게 살고 있는지도 알았다면 글쓰기로 마무리를 지어 보세요.
별도로 구성된 공부책인 '따라공부'에서는 단원마다 글자와 문장이 어떻게 구성되는지 표현이나 느낌을 어떻게 글로 쓰는지 배우고, '일년공부'에서는 책 내용을 알고 생각을 펼쳐 볼 수 있습니다.

공부하다가 궁금한 것이 있으면 다음카페 '모난돌학교'에 질문을 남겨주세요.
모난돌 선생님이 친절하게 답해 줄 것입니다.

41

훌륭한 인재를 등용한

광종

(925년~975년, 고려 4대 임금)

🔊 역사 연대기

956년 광종이 노비안검법을 실시함
958년 쌍기가 건의한 과거제를 실시함
960년 관등에 따라 옷을 다르게 입는 사색공복제를 실시함

🔊 학습목표

1. 광종에 대해 알 수 있다.
2. 과거제도에 대해 알 수 있다.
3. 공무원제도에 대해 알 수 있다.

힘있는 임금이 되어야 한다.

　고려를 세울 때 태조 왕건은 지방귀족인 호족에게 많은 도움을 받았습니다. 그래서 29명이나 되는 호족 딸과 결혼을 했습니다. 그 덕분에 왕건이 살아있을 때는 나라가 편안했지만, 죽고 나자, 아들끼리 임금이 되려는 다툼이 끊이지 않았습니다. 2대 혜종과 3대 정종은 임금 노릇도 제대로 하지 못한 채 일찍 죽고 말았습니다.

　뒤이어 임금이 된 광종은 이런 일이 되풀이 되지 않기 위해서는 힘 있는 임금이 되어야 한다고 생각했습니다.

　호족은 많은 농토와 노비를 거느리고 있어서 농사도 많이 지었고, 개인 군대도 만들 수 있었습니다. 그래서 임금보다 힘이 강했습니다. 광종은 호족을 약하게 하려면 노비를 없애는 수밖에 없다고 생각했습니다.

　"전국에 있는 호족이 거느린 노비 가운데 원래 양민인 사람을 가려내 모두 양민으로 살 수 있도록 하라."

고 명을 내렸습니다. 이것이 '노비안검법'입니다. 그러자 호족은,

　"노비가 갑자기 양민이 되면, 농사는 누가 짓는단 말입니까?"

라며 반대했습니다. 그러나 광종은 물러서지 않고 노비안검법을 힘차게 밀고 나갔습니다. 노비였던 사람이 양민이 되자, 편안하게 살게 되었으며, 나라에 세금을 내고 부역을 하게 되었습니다. 나라는 세금을 많이 거두어 튼튼해졌고, 호족은 힘이 약해졌습니다.

살아있는 인물 열어가는 역사

고려 시대에는 신라 골품제가 없어지기는 했지만, 관리를 뽑는 제도가 없었기 때문에 호족이나 그 아들이 관리가 되었습니다. 광종은 관리를 뽑는 제도를 새로 만들고 싶었습니다.

그때 중국에서 온 쌍기가,

"우리나라에서는 실력 있는 관리를 뽑기 위해 과거라는 시험을 보고 있습니다. 시험을 치르게 되면 뛰어난 사람을 뽑을 수 있습니다."

라고 알려주었습니다.

광종은 쌍기 말을 받아들여 양민이면 누구나 시험을 볼 수 있는 '과거제'를 실시했습니다. 과거를 통해 신분보다는 능력이 뛰어난 사람을 뽑을 수 있었습니다. 이들은 유교를 공부했기 때문에 유교 가르침을 따라서 임금에게 충성을 다했습니다.

또 벼슬이 높고 낮음에 따라 옷 색깔을 다르게 입는 '사색공복제'를 만들었습니다. 자기 마음대로 옷을 입을 수 있기 때문에 임금보다 더 화려하게 입는 사람도 많았으나 사색공복제로 임금보다 더 좋은 옷을 입을 수 없게 되자, 임금을 무시하는 생각도 없어졌습니다.

이런 제도를 통해서 임금은 점점 힘이 강해졌습니다.

1. 광종이 노비안검법과 과거제를 실시한 까닭은 무엇인가요?

그때 사람은
인재를 뽑을 수 있는 과거제도

인재를 뽑아 관리로 쓰려고 한 것은 고려 시대 이전에도 있었습니다.

통일신라 시대에는 '독서삼품과'라는 제도가 있었습니다. 오늘날 대학과 같은 국학에 '독서삼품과'를 두어 학생을 성적에 따라 3등급으로 나눈 다음, 관리로 뽑았습니다. 그러나 학문이나 능력보다는 신분을 중요하게 여기는 귀족 때문에 좋은 인재를 뽑을 수 없었습니다.

그러다가 고려 광종 때 과거제를 실시하면서 실력에 따라 공정하게 인재를 뽑아 쓸 수 있게 되었습니다.

고려 시대에는 양민이면 누구나 과거를 볼 수 있었습니다. 그러나 승려는 승과만 볼 수 있었고, 천민은 아예 과거를 볼 수 없었습니다.

과거시험은 제술과(진사과)와 명경과(생원과), 그리고 잡과(의복과)가 있었습니다. 제술과는 글 짓는 능력과 나라를 다스리는 방법을 묻는 문제로 시험을 보았고, 명경과는 유교 경전을 해석하고 이해할 수 있는 능력을 보았습니다. 잡과는 의학, 천문, 음양, 지리 같은 기술에 관한 실력을 보고 기술 관리를 뽑았습니다.

양민 이상은 누구나 시험을 볼 수 있었으나, 실제로 제술과와 명경과를 보는 사람은 귀족 자식이었고, 일반 백성이나 농민은 주로 잡과시험을 보았습니다.

승과는 승려가 되기 위한 시험으로 3년에 한 번 보는 것이 원칙이었지만, 때로는 2년에 한 번도 있고, 때때로 보는 경우도 있었습니다.

과거제도로 뛰어난 인재를 뽑으려고 했으나, 귀족이 반발하자, 귀족 자식이면 과거 없이 관리가 될 수 있는 음서제도도 만들었습니다.

살아있는 인물 열어가는 역사

고려 시대는 문과, 잡과, 승과가 있었으나, 조선 시대에는 문과와 잡과를 그대로 두고, 승과는 없앴습니다. 그리고 군인을 뽑는 무과가 새로 생겼습니다. 처음에는 모든 합격자에게 흰색인 백패라는 증명서를 주었으나, 나중에는 문과 합격자와 구별하기 위해 문과 합격자에게는 붉은색인 홍패를 주었습니다.

문과는 3년마다 보는 식년시와 때때로 보는 증광시, 별시, 알성시 등이 있었습니다. 문과는 1차 시험인 초시, 2차 시험인 복시, 3차 시험인 전시 순서로 치렀습니다. 먼저 초시에서 각 지방별로 정해진 사람 수에 따라 뽑은 다음, 복시에서 서른세 명을 뽑았고, 마지막으로 임금 앞에서 치르는 전시에서 순위를 결정했습니다.

조선 시대에도 과거는 양인 이상이면 누구나 볼 수 있었습니다. 그러나 탐관오리 자식, 재혼한 여자 아들, 그리고 서자에게는 문과시험을 볼 수 있는 자격을 주지 않았습니다.

과거는 인재를 뽑기 위한 제도이지만, 점점 문제가 생겨났습니다.

첫째, 장소는 좁은데, 과거를 보려는 사람이 너무 많았습니다. '과거장에 들어가려니 응시한 사람만 수만 명인데, 들어갈 때부터 서로 밀치고 짓밟아 죽거나 다치는 사람이 많았다'고 합니다. 자기 주인이 편하게 과거를 볼 수 있도록 좋은 자리를 잡기 위해 하인끼리 싸움이 벌어지기도 했습니다.

둘째, 수많은 답안지를 관리 서너 명이 채점하다 보니 답안지를 늦게 내면 채점을 할 수 없었습니다. 그러자 재빨리 답을 써 내기 위해 몇 명이 조를 짜서 과거 시험을 보기도 하고, 글씨 잘 쓰는 사람을 데리고 가서 대신 써내게 하는 일도 있었습니다.

셋째, 지방별로 합격자를 나누는 것도 큰 문제였습니다. 조선 시대에 서북지방인 황해도와 평안도 사람은 아무리 공부를 잘해도 과거에서 뽑히지 않은 것에 불만을 품고 홍경래가 난을 일으키기도 했습니다.

 **탐구하기**

1. 조선 시대에 과거에 대한 불만으로 일어난 난은 무엇인가요?

요즘 사람은

나라 살림을 맡아하는 공무원을 뽑아요.

▶ 옛날에 과거라는 시험으로 나라에서 일하는 사람인 관리를 뽑은 것처럼 오늘날도 나라에서 일하는 사람인 공무원을 시험으로 뽑습니다. 공무원이 하는 일을 알아봅시다.

옛날에 나라에서 뽑는 관리는 임금에게 충성을 바치는 신하였습니다. 오늘날에는 공무원이 나라와 국민에게 봉사합니다. 나랏일을 하는 사람이라서 특별하게 대우도 해 줍니다.

공무원은 국가기관에서 나랏일을 하는 국가공무원이 있습니다. 그리고 지방자치단체에서 일하는 지방공무원이 있습니다. 지방공무원은 서울시나 경기도를 비롯해서 각 시나 도에 있는 시청, 도청, 구청, 군청이나 읍, 면, 주민센터 등에서 일합니다. 주민센터나 구청, 시청 같은 데에서 볼 수 있는 공무원이 바로 지방공무원입니다.

공무원이 되려면 시험을 봐야 합니다. 직급별로 시험은 다르게 봅니다. 시험방법은 필기시험·면접시험·실기시험·서류심사 또는 신체검사 등을 거쳐 합격을 결정합니다.

1, 2차는 필기시험이고, 국어나 영어, 역사 등 몇 가지 과목을 봅니다. 3차는 면접 또는 실기시험으로 구분해서 실시합니다. 문제는 직급에 따라 수준도 다르고, 뽑는 사람 수도 때에 따라 다릅니다.

공무원은 학력, 경력, 성별에 제한을 두지 않기 때문에 많은 사람이 공무원이 되기 위해 시험 준비를 합니다.

공무원은 국민에 봉사하는 사람이므로, 관청을 찾아오는 국민이 원하는 것을 해결해 주어야 합니다.

생각하기

1. 공무원은 어떤 일을 하나요?

42

침략을 막아낸
서희와 강감찬

(서희-942년~998년, 고려 시대 외교가
/강감찬-948년~1031년, 고려 시대 장군)

🔊 **역사 연대기**

916년 중국 북쪽 땅에 거란국이 세워짐
938년 거란이 나라 이름을 '요'로 바꿈
972년 서희가 사신으로 가서 송나라와 처음으로 외교를 함
986년 거란에게 정안국이 멸망함
993년 요나라가 고려를 공격함

🔊 **학습목표**

1. 고려 시대 외교관계를 알 수 있다.
2. 거란이 고려를 침입한 까닭을 알 수 있다.
3. 천리장성을 쌓은 까닭을 알 수 있다.
4. 정보전쟁에 대해서 생각할 수 있다.

 인물 이야기

거란을 막아낸 서희

　고려는 거란과 사이가 나빴습니다. 거란이 발해를 멸망시켰고, 옛 고구려 땅을 차지하고 있었기 때문입니다.

　고려가 세워지고 얼마 뒤에 거란이 낙타 50마리와 사신을 고려에 보내며, 두 나라가 서로 친하게 지내자고 했습니다. 그러나 태조 왕건은 사신을 죽이고, 낙타를 개성에 있는 다리에 매어놓아 굶어 죽게 했습니다. 그 일이 생긴 뒤로는 거란도 고려를 미워하게 되었습니다.

　서희는 송나라에 사신으로 가서 송나라와 처음으로 외교관계를 맺었습니다. 그리고 송나라에서 '검교 병부상서'라는 높은 벼슬까지 얻었습니다. 서희는 나라와 나라끼리 서로 사이좋게 지내는 것이 이익이 된다는 것을 깨달았습니다.

　송나라는 거란에 시달리는 처지였기 때문에 고려와 친하게 지내기를 바랐고, 거란은 송나라와 고려가 친하게 지내는 것을 싫어했습니다.

　나라 이름을 '요'로 바꾼 거란은 소손녕이 이끄는 80만 대군을 보내 고려를 공격했습니다. 이에 고려는 박양유, 서희, 최량 등이 나가서 싸웠으나, 지고 말았습니다. 고려 임금이 화해를 하자고 했으나, 소손녕은 무조건 항복하라고 요구했습니다.

　고려 조정은 혼란에 빠졌고, 어떤 신하는 항복을 주장했으며, 어떤 신하는 땅을 떼어주자고 했습니다.

　이때 서희가 나섰습니다.

　"항복하는 것도 땅을 떼어주는 것도 모두 옳지 않소. 소손녕이 쳐들어 온 데에는 다른 속셈이 있을 것이오."

　서희는 요나라가 쳐들어 온 까닭이 두 나라가 서로 싸우지 말고 평화롭게 지내려는 목적이라고 여겼습니다.

살아있는 인물 열어가는 역사

고려에서 대답이 없자, 소손녕은 사신을 보내라고 요구했습니다.
고려에서는 서희를 보냈습니다. 소손녕은 서희에게 뜰아래 서서 절을 하라고 했습니다. 그러자 서희는,

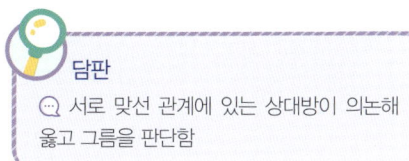

담판

서로 맞선 관계에 있는 상대방이 의논해 옳고 그름을 판단함

"신하가 임금을 만날 때는 마땅히 아래에서 절을 해야 되겠지만, 같은 대신끼리 그럴 수 없소."
라고 당당하게 말했습니다.

소손녕과 서희는 같은 자리에 마주 앉아 담판을 짓게 되었습니다.

"고려는 원래 신라 땅에서 일어난 나라이니 옛 고구려 땅을 내 놓으시오. 그리고 왜 우리와 국경을 맞대고 있는데도 바다 건너에 있는 우리 적국인 송나라와 친하게 지내는 것이오?"

소손녕이 따지자, 서희는

"고려는 고구려를 이어 받아 세운 나라요. 그래서 나라 이름도 고려라고 한 것이오. 오히려 당신들이 고구려 땅에 살고 있으니, 그 땅을 내놓으시오. 그리고 여진족이 가로막고 있어서 요나라와 외교를 하고 싶어도 할 수가 없으니, 여진족을 내쫓고, 우리 옛 땅으로 길을 통하게 하면 될 것이오."

서희 흉상-전쟁기념관

라며 물러서지 않았습니다.

결국 소손녕은 고려와 사이가 좋아진 것에 만족하고 물러갔습니다. 그리고 고려는 압록강 동쪽에 흥화진(의주), 용주, 통주, 철주, 귀주, 곽주를 얻었습니다. 압록강 동쪽에 있는 주 여섯 개라고 해서 '강동6주'라고 부릅니다.

1. 서희가 외교담판으로 얻게 된 땅을 무엇이라고 하나요?

그때 사람은

고려를 차지하려고 쳐들어온 거란

거란은 세 차례에 걸쳐서 고려를 공격해 큰 전쟁을 일으켰습니다. 거란이 고려를 계속 공격한 까닭은 무엇일까요?

고려는 거란과 사이가 나빴으나, 송나라와는 친하게 지냈습니다. 중국 북쪽에 자리 잡은 거란은 송나라를 치고 중국 본토를 차지할 속셈이었습니다. 그래서 고려가 송나라를 돕지 못하게 하려고 먼저 공격했습니다.

거란은 1차 침입에서 서희와 외교담판을 벌여 강동6주를 내주고 돌아갔습니다.

서희가 강동6주를 얻은 지 십년이 지나자, 거란은 강동6주를 탐내서 또 쳐들어 왔습니다. 이것을 2차 거란 침입이라고 합니다. 이때 현종 임금은 전라도까지 피난을 가야했습니다.

강감찬 흉상-전쟁기념관

비록 거란과 싸움에서 이기지는 못했지만, 마지막까지 목숨을 아끼지 않으며 싸운 장수가 바로 '양규'입니다. 40만이나 되는 거란군에게 흥화진이 포위되자, 끝까지 저항했습니다. 거란군이 고려 백성을 포로로 끌고 가자, 뒤에서 공격해 1만 여명을 구했습니다. 그러나 거란군이 다시 들이닥치자, 얼마 안 되는 군대로 끝까지 맞서 싸우다가 김숙흥과 함께 전사하고 말았습니다.

두 번에 걸친 큰 전쟁을 벌이고도 고려를 항복시키지 못한 거란은 강동6주를 돌려달라고 떼를 쓰며 10만 대군을 이끌고 쳐들어왔습니다. 이것을 3차 거란 침입이라고 합니다. 이때 거란군을 막아내고 귀주에서 큰 승리를 거둔 장수는 '강감찬'입니다.

강감찬은 서울에서 태어났습니다. 이룬 업적을 기리기 위해 강감찬이 살던 집터에 삼층석탑을 세웠습니다.

강감찬이 태어난 날 하늘에서 큰 별이 떨어졌다는 전설에 따라 '별이 떨어진 터'라는 뜻으로 '낙성대'라고 부릅니다.

낙성대 강감찬 동상-서울 관악

살아있는 인물 열어가는 역사

낙성대 강감찬 사당–서울 관악

2차 거란 침입 뒤에 군사를 키우고 전쟁에 대비하고 있던 강감찬은 거란이 쳐들어오자, 흥화진에 진을 치고 작전을 짰습니다. 미리 수백 장이나 되는 소가죽을 밧줄에 묶어 강물을 막아놓았습니다. 물을 막아 얕아진 것을 모르는 거란군은 흥화진 동쪽에 있는 강을 건너기 시작했습니다.

이때 고려군이 미리 막아 놓은 강물을 텄습니다. 강물은 순식간에 거란군을 덮쳤습니다. 많은 거란군이 물에 휩쓸려 죽고 말았습니다. 겨우 살아난 거란군은 고려 임금을 직접 잡으려고 개경으로 갔습니다. 그러나 개경 백성은 모두 성안으로 피신했고, 먹을 식량 또한 남아 있지 않았습니다. 거란군은 결국 후퇴하기 시작했습니다. 귀주를 지나갈 때 강감찬과 고려군이 나타났습니다.

"거란군을 없애라, 한 놈도 살려두지 마라!"

거란군은 허둥지둥 도망치기 바빴습니다. 거란 장수 소배압은 갑옷과 투구도 버리고 도망쳤습니다. 이 전투를 '귀주대첩'이라고 합니다. 그 뒤로 고려는 천리장성을 쌓고 국경을 더욱 튼튼히 했습니다.

우리나라는 침략을 받은 적이 많았습니다. 하지만 그때마다 뛰어난 장수나 죽기를 각오하고 싸운 백성이 있어서 나라를 지킬 수 있었습니다.

탐구하기

1. 2차 거란 침입에 맞서 싸우고 거란에게 포로로 잡힌 백성을 구해 낸 장수는 누구인가요?

2. 3차 거란 침입을 귀주에서 막아낸 장수는 누구인가요?

요즘 사람은

정보기술을 차지하려고 벌이는 전쟁

▶ 서희와 강감찬이 살던 고려 시대에는 서로 좋은 땅을 차지하거나 둘레 나라를 정복하기 위해서 전쟁을 자주 했습니다. 지금은 정보기술을 차지하려는 전쟁이 일어납니다. 정보전쟁에 대해서 생각해 봅시다.

요즘에 역사책 읽는 재미에 푹 빠져있다. 한참 책을 읽다가 '옛날 사람은 살기 좋은 나라를 만들려고 이웃나라를 정복해서 땅을 많이 넓혔다는데, 세계지도를 보면 우리나라 땅은 너무 좁다. 광개토대왕 때 차지했던 우리나라 땅이 정말 아깝다! 다시 찾으면 좋겠다.' 문득 이런 생각을 했다. 그래서 신문을 읽고 있는 아버지한테,

"아빠! 중국이 힘이 세요? 우리나라가 힘이 세요?"

"민준아! 밑도 끝도 없이 그게 무슨 말이야?"

"아니, 우리나라가 힘이 더 세면 중국에 쳐들어가서 옛날 고구려 땅을 다시 찾아오려고요. 그러면 우리나라도 땅이 넓어지고 그러면 땅값도 싸져서 살기 좋잖아요."

"정말 땅이 넓으면 다 잘 살 수 있을까? 땅이 넓은 나라가 다 잘 산다고 생각해?"

라고 물어보는 아버지 말에 그만 자신감을 잃고 말끝을 흐렸다. 아버지는 옛날 같이 무기를 들고 싸우는 전쟁은 일어나지 않아야 한다고 했다.

그리고 지금은 강한 무기나 넓은 땅을 가진 나라보다는 정보와 기술이 앞선 나라가 더 잘 사는 경우가 많다고 했다. 그렇기 때문에 정보기술이 뛰어난 나라가 다른 나라를 거의 지배하다시피 하고, 직접 전쟁을 하지는 않지만, 다른 나라가 가진 정보기술을 빼내거나 배우려고 눈에 보이지 않는 전쟁을 하고 있다는 것이다. 특히 잘못된 정보는 많은 피해를 주기 때문에 일부러 나쁜 정보를 만들어 다른 나라를 공격하는 경우도 있다고 했다.

"정보기술 전쟁을 한다고요? 정보와 기술이 그렇게 중요한가요?"

"그럼, 너 이번 주말에 프로 야구 경기 구경 가고 싶다고 했지? 일기예보를 들었더니 비가 많이 올 것 같다는데. 이런 것도 다 정보란다."

라는 아버지 이야기를 듣고 나니 우리 생활에 있어서 정보가 너무나 중요해서 정보기술 전쟁이 일어난다는 것을 이해할 수 있었다.

1. 요즘 사람이 정보기술을 차지하려고 싸우는 까닭은 무엇인가요?

43

자주 국가를 꿈꾼

묘청

(태어난 때 모름~1135년, 고려 시대 승려)

 역사 연대기

1126년 이자겸이 난을 일으킴
1145년 김부식이 ≪삼국사기≫를 지음

 학습목표

1. 자주 국가를 꿈꾼 묘청을 알 수 있다.
2. 묘청이 수도를 옮기려한 까닭을 알 수 있다.
3. 풍수지리설이 무엇인지 알 수 있다.
4. 복잡한 도시에 사는 불편함에 대해 알 수 있다.

 인물 이야기

자주 국가를 꿈꾼 묘청

묘청은 서경(평양)에서 태어나 어릴 때 승려가 되었고, 풍수지리설을 익혔습니다. 고려 인종 때 임금이 나랏일을 잘 볼 수 있도록 옆에서 도와주는 '고문'이 되었습니다.

묘청은 임금에게,

"나라는 수도가 자리 잡은 곳에 기운이 강해야 하는데, 개경 땅은 이미 기운이 없어졌으니, 수도를 서경으로 옮겨야 합니다. 그러면 나라가 발전해 둘레 나라가 고려에 고개를 숙이는 신하 나라가 될 것입니다. 이제부터는 임금을 왕이라고 부르지 말고, 황제라고 부르십시오. 연호도 중국 것을 따라 쓰지 말고 새로 만들어야 합니다. 또 여진족이 세운 금나라와는 친하게 지내지 말고 정벌을 해야 합니다."

라고 했습니다. 인종은 얼마 전에 이자겸이 일으킨 난을 생각하니 묘청이 하는 말에 귀가 솔깃해졌습니다.

이자겸은 16대 임금인 예종에게 첫째 딸을 시집보냈습니다. 예종이 죽자, 열세 살밖에 안 된 태자를 임금으로 앉히고 둘째 딸과 셋째 딸을 시집보냈습니다. 이자겸은 인종 임금 외할아버지이면서 장인이 되었습니다. 이렇게 해서 이자겸이 큰 힘을 가지게 되자, 모든 신하가 임금보다 이자겸을 더 무서워했습니다.

이자겸은 임금처럼 행동했고, 인종은 날이 갈수록 이자겸이 두려워져서 없애야겠다고 생각했습니다. 그 낌새를 알아차린 이자겸이 먼저 반란을 일으켰습니다.

이자겸이 일으킨 난을 척준경이 막아냈지만, 척준경도 권력을 쥐고 임금을 마음대로 했습니다. 그런 척준경도 겨우 귀양 보냈으나, 권력은 또다시 김부식에게 넘어가고 말았습니다. 여러 번 반란을 겪으면서 궁궐이 불타고, 임금은 웃음거리가 되었습니다.

서경은 고려를 세운 왕건도 중요하게 여기던 곳이었습니다. 왕건이 남긴 훈요십조에서도 임금이 해마다 서경에 가서 100일 이상 머물라고까지 했습니다. 고구려를 이어받은 고려가 북쪽으로 땅을 넓힐 때 서경을 중심으로 삼으라는 뜻입니다.

그러므로 임금도 묘청 말대로 서경으로 수도를 옮겨 나라를 바로 세우고 싶었습니다.

임금으로 부터 명을 받은 묘청은 서경에 새 궁궐인 대화궁을 짓기 시작했습니다.

묘청이 제사를 올렸다는 봉선홍경사터-충남 천안

몇 년 뒤 대화궁이 완성되자, 인종은 서경으로 수도를 옮기려고 서둘렀습니다. 하지만 개경 귀족이 반대했습니다. 만약 수도를 서경으로 옮기면 개경에 그동안 쌓아놓은 권력이 없어지기 때문입니다.

억지로 옮기려고 하면 반란이라도 일으킬 기세였습니다. 아무리 임금이지만 어쩔 수 없었습니다. 결국 인종은 서경으로 도읍 옮기는 일을 그만두고 말았습니다.

"개경 귀족이 임금을 가로막고 서경으로 못 오게 하는구나. 내가 군사를 이끌고 가서 개경 귀족을 몰아내고 왕을 모셔와야겠다."

묘청은 따르는 백성을 모아 개경으로 쳐들어갔습니다. 인종은 김부식에게 나아가 막으라고 했습니다. 김부식은 개경에서 묘청을 따르는 귀족을 먼저 죽인 다음, 막으러 나갔습니다. 싸움에서 패한 묘청은 부하장수에게 죽임을 당하고 말았습니다.

탐구하기

1. 묘청이 수도를 개경에서 서경으로 옮기려 한 까닭은 무엇인가요?

 그때 사람은

좋은 땅을 찾아라

풍수지리설은 땅 모양과 물 흐르는 모양이 사람에게 영향을 준다는 사상입니다. 땅 속에는 꿈틀대는 기운이 있어서 사람 몸에 흐르는 피처럼 정해진 길을 따라 움직인다는 것입니다. 이 기운을 타고난 사람은 복을 받아 귀하게 되며, 기운이 모인 곳에 집을 짓거나 무덤을 만들면 집안이 잘 되고, 도읍을 정하면 나라가 발전한다고 생각했습니다. 집이나 마을, 무덤이 자리 잡은 것에 따라 사람이 잘 되고 못 된다는 생각이 바로 풍수지리설입니다.

풍수지리설에서는 초승달 모양으로 생긴 땅을 좋은 땅으로 여깁니다. 초승달이 점점 커져 보름달이 되기 때문입니다.

풍수지리설 이야기가 처음 나온 책은 ≪삼국유사≫입니다. 신라 임금인 석탈해가 좋은 곳에 집을 짓기 위해 토함산에 올라가 초승달처럼 생긴 땅을 발견하고 자기 집으로 만들었다는 이야기가 나옵니다. 바로 반월성입니다.

백제가 도읍으로 삼은 부여도 초승달 모양으로 생겼으며, 고구려가 평양으로 도읍을 옮긴 것도 땅 모양이 초승달 모양이기 때문입니다.

풍수지리설은 신라 말기에 풍수지리를 잘 아는 도선스님이 ≪도선비기≫라는 책을 써서 널리 퍼뜨렸습니다. 고려 시대부터는 일반 백성도 풍수지리설에 따라 집을 짓고, 무덤을 만들 정도로 널리 퍼졌습니다.

〈경주 모형-경북 경주 박물관〉

살아있는 인물 열어가는 역사

고려를 세운 왕건은 개경이 수도가 될 만한 명당이라는 소문을 퍼뜨렸습니다. 경주를 오랫동안 수도로 삼았던 신라가 기운을 잃고 망한다는 소문을 만들려고 했기 때문입니다.

고려 인종 때 묘청은 개경 땅에 기운이 다 없어졌다며 서경으로 수도를 옮기자고 한 것이나, 조선을 세운 이성계가 한양으로 도읍을 옮긴 까닭도 풍수지리설에 따른 것입니다. 개경은 이미 기운이 약해졌다는 풍수지리설에 따라 개경을 버리고 한양으로 도읍을 옮겼습니다. 조선은 유교를 따르는 나라지만, 풍수지리를 늘 중요하게 생각했습니다.

한양성을 건설할 때도 풍수지리설에 따랐습니다. 4대문에서 다른 문은 현판글씨가 가로로 되어 있는데, 숭례문 현판은 글씨가 세로로 되어 있습니다. 서울 남쪽에 있는 관악산에서 나오는 강한 불기운을 숭례문에서 태워 버린다는 뜻입니다. 또 동대문 이름은 세 글자가 아닌 '흥인지문'이라는 네 글자인데, 한양을 동쪽에서 싸고 있는 낙산이 너무 낮았기 때문에 문 이름에 '지'자를 넣어 나쁜 기운을 막고 힘을 불어넣는다는뜻입니다.

조선 시대 사람은 성 안에 연못을 만들면 뜨거운 기운이나 남을 해치려는 기운을 막을 수 있다고 믿었습니다. 이 때문에 한양성을 둘러싼 도성에 있는 사대문 둘레에 연못을 많이 만들었다고 합니다.

일제강점기에 일본사람은 사람 몸 척추에 못이 꽂혀 있으면 힘을 못 쓰는 것처럼 훌륭한 사람이 태어나는 기운을 막는다면서 우리나라 산 곳곳에 큰 쇠못을 많이 박았습니다.

숭례문–서울 중구

흥인지문–서울 동대문

1. 풍수지리설에서 말하는 좋은 땅은 어떤 모양을 한 땅이고, 그 까닭은 무엇인가요?

요즘 사람은

너무 복잡한 서울

▶ 묘청이 북진정책을 펴기 어렵고, 땅기운이 다했기 때문에 개경은 수도로서 적당하지 않다고 한 것처럼 지금 우리 나라 수도인 서울에는 어떤 문제가 있는지 생각해 봅시다.

2019년 5월 1일 토요일　　　　　　날씨 : 아침엔 가을, 낮엔 봄, 저녁엔 겨울
제목 : 서울은 너무 복잡해

　아침밥을 먹고나니 엄마가 빨리 준비하라고 소리를 쳤다. 오후 1시에 친척 결혼식이 있어서 서울로 가야 하기 때문이다. 4년 전까지 우리도 서울에 살았지만, 아빠 직장 때문에 이곳으로 이사를 왔다. 오랜만에 서울에 가는 것이라 마음이 설렜다.
　11시가 되어서 우리는 승용차를 타고 출발했다. 나는 엄마한테 결혼식 끝나고 아빠 친구 집에서 놀다 오자고 말했다. '앗! 그런데 왜 이렇게 길이 막히지?' 서울로 가는 고속도로에서부터 길이 막혔다. 나와 동생은 짜증이 나서 계속 싸움을 했다. 엄마와 아빠는 우리가 싸우니까 기분이 안 좋아서 화를 내셨다.
　"엄마, 아직도 멀었어? 대체 언제 도착하는 거야!"
　동생이 소리를 치자, 엄마는 조용히 하라며 조금만 더 가면 된다고 하셨다. 토요일인데도 서울은 차가 너무 많았다. 우리는 2시간이나 걸려서 겨우 도착을 했다.
　결혼식이 끝나가고 있었다. 사진 찍고 밥 먹고 나니 3시가 되었다. 내가 아빠 친구 집에서 놀다 가자고 했더니, 엄마가 길 막혀서 안 된다고 하셨다. 너무나 실망이었다. 오랜만에 친구인 다인이를 만날 수 있었는데.
　나는 집에 가는 길도 막히면 어쩌나 걱정을 했다. 역시 내 예상이 맞았다. 나와 동생은 너무 지쳐서 차 안에서 잠이 들었다.
　"진아, 승아, 다 왔다."
　엄마 목소리에 깨어보니 집에 도착해 있었다. 오는 길은 2시간 30분이 걸렸다. 전에는 서울이 그렇게 복잡한지 몰랐는데, 오랜만에 가보니 더 복잡해진 것 같았다. 그런데 사람들은 그런 서울에 왜 살고 싶어 할까? 하긴 나도 서울에 살고 싶어 했으니까.

생각하기

1. 교통도 복잡하고 공기도 나쁜데 왜 큰 도시에서 살고 싶어 할까요?

44

삼국사기를 쓴

김부식

(1075년~1151년, 고려 시대 역사가)

🔊 역사 연대기

1126년 이자겸이 난을 일으킴
1129년 묘청이 서경에 대화궁을 건설함
1135년 묘청이 난을 일으킴
1145년 ≪삼국사기≫가 편찬됨

🔊 학습목표

1. 김부식에 대해 알 수 있다.
2. ≪삼국사기≫에 대해 알 수 있다.
3. 나라기록관에 대해서 알 수 있다.

후손에게 우리 역사를 제대로 알리자

고려 성종 때부터는 수도인 개경을 중심으로 나라를 운영하게 되자, 새로운 지배세력이 생겼습니다. 왕실이나 높은 집안사람끼리 결혼하고, 벼슬을 자식에게 물려주어 높은 자리를 독차지한 사람을 문벌귀족이라고 불렀습니다. 인종 때에는 김부식을 중심으로 한 경주 김씨가 가장 큰 권력을 쥔 문벌귀족이 되었습니다.

김부식은 과거시험에 합격해 벼슬길에 나섰습니다. 학문을 연구하는 한림원에서 유학을 공부하며 학문을 쌓았습니다.

그 때는 이자겸이 난을 일으켜 궁궐이 불타고, 나라가 어지러웠습니다. 또한 금나라가 자꾸 쳐들어와 백성은 살기가 어려웠습니다. 그러자 서경으로 수도를 옮기자는 주장이 나왔고, 묘청을 중심으로 난을 일으켰습니다. 김부식은 토벌군 총사령관이 되어 '묘청의 난'을 막아냈습니다. 김부식은 그 공으로 고려에서 가장 높은 벼슬인 문하시중이 되었습니다.

김부식이 나이가 들어 벼슬에서 물러나게 되자, 인종은,

"공부를 하는 선비가 중국 역사에 대해서는 잘 알면서도 정작 우리나라 역사에 대해서는 제대로 아는 사람이 없으니 안타까운 일이요. 그러니 고구려, 백제, 신라, 이렇게 삼국 시대 역사를 상세하게 기록한 책을 만들어 후손에게 우리 역사를 제대로 알리게 하시오."

라며 김부식에게 역사책을 만들라고 했습니다.

김부식은 여러 학자와 함께 열심히 책을 만들기 시작했습니다. 먼저 그전부터 내려오던 역사책을 모았습니다. 고구려 역사책인 ≪유기≫, 백제 역사책인 ≪서기≫, 신라 역사책인 ≪국사≫, 고려 초에 만든 ≪구삼국사≫같은 우리나라 역사책을 꼼꼼하게 살펴보았습니다. 그리고 ≪구당서≫ ≪신당서≫ ≪사기≫같은 중국 역사책에 있는 삼국 시대 이야기를 보고 역사를 새로 정리했습니다.

같이 역사책을 기록하는 사람이,

"최치원이 쓴 ≪제왕연대력≫에는 신라가 처음 세워졌을 때 쓰던 고유한 임금 이름은 천하다며 모두 '왕'으로 고쳤는데, 우리는 어떻게 기록할까요?"

라고 김부식에게 물었습니다.

"우리는 신라 때 이름 그대로 거서간, 차차웅, 마립간으로 기록합시다."

김부식이 바로 잡았습니다. 또한 꾸며낸 이야기나 믿을 수 없는 이야기는 기록하지 않고, 실제 역사라고 생각되는 것만 남기려고 노력했습니다. 이처럼 역사를 있는 그대로 쓰려고 한 김부식은 우리나라 역사책에 있는 내용과 중국 역사책이 다른 경우에는 우리나라 역사책이 옳다고 생각해 우리나라 역사책대로 썼습니다.

이렇게 옛날 책과 자료를 바탕으로 쓴 이 책은 삼국 역사를 기록했다고 해서 ≪삼국사기≫라고 불렀습니다.

1. 인종 임금은 김부식에게 왜 역사책을 만들라고 하였나요?

그때 사람은

≪삼국사기≫에는 어떤 내용이 기록되어 있나요?

≪삼국사기≫는 우리나라에서 가장 오래된 역사책입니다. 이 책은 고구려, 백제, 신라가 세워진 때부터 신라가 멸망할 때까지 천년동안 역사를 기록해 놓았습니다.

≪삼국사기≫에는 어떤 내용이 기록되어 있을까요?

첫 번째, 삼국 시대 임금에 대해서 기록되어 있습니다. 어떤 임금이 나라를 세우고 어떻게 나라를 다스렸으며, 다른 나라와 관계가 어땠는지를 고구려, 백제, 신라로 나누어 적었습니다. 신라는 혁거세거서간, 고구려는 동명성왕, 백제는 온조왕부터 시작하고 있습니다.

두 번째, 위인에 대한 이야기가 기록되어 있습니다. 우리가 위인전에서 볼 수 있는 많은 위인은 거의 ≪삼국사기≫에서 보고 쓴 것입니다. 고구려 을지문덕, 신라 김유신, 백제 계백 같은 훌륭한 인물 69명에 대한 이야기가 적혀 있습니다. 그 가운데에서 김유신에 대한 이야기가 가장 많습니다.

세 번째, 천재지변에 대해서 기록되어 있습니다. 일식이나 혜성이 나타나는 것 같은 자연 현상이나 지진과 화재에 대한 내용입니다. ≪삼국사기≫에는 천문관측을 모두 266번 했다고 적혀 있습니다. 기원전 54년 신라 혁거세 4년에 일식이 나타났고, 224년 12월에는 낮에 금성을 보았다는 기록도 담겨져 있습니다. 지진은 107번 일어났다고 기록되어 있습니다.

또한 ≪삼국사기≫에는 신라 영흥사에서 일어난 큰 불로 피해를 입은 사람을 친히 찾아가 위로한 진평왕 이야기나, 신라와 백제 임금이 전국에 제방을 쌓는 백성을 찾아가 위로하고 기운을 북돋운 이야기가 기록되어 있습니다. 이런 기록을 통해 재난으로 인한 피해를 줄이는 것이 예로부터 임금이 해야 하는 중요한 일이라고 여겼음을 알 수 있습니다.

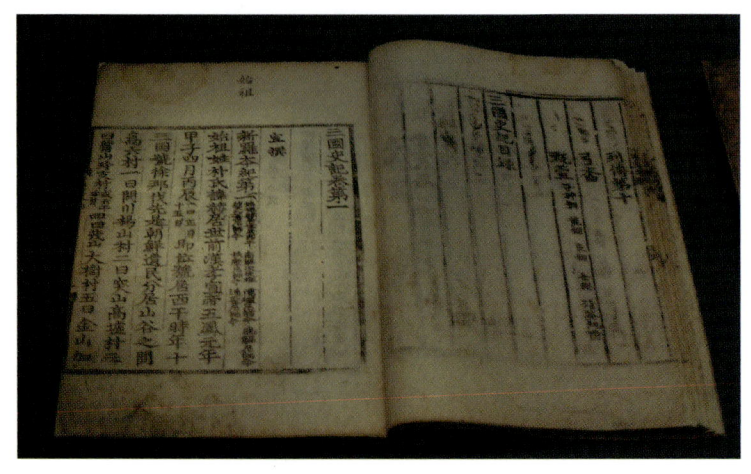

≪삼국사기≫-국립중앙박물관

네 번째, 신분에 따라 집 크기를 정한 내용이 기록되어 있습니다. 진골, 6두품, 5두품, 그리고 4두품 이하 백성으로, 신분을 네 등급으로 나누고, 집 크기, 기단, 담장 높이, 집짓는 재료, 마구간 크기, 집안 꾸미기 같은 것을 어떻게 해야 하는지 자세하게 정했습니다. 이러한 제한을 받지 않는 계급은 성골 계급뿐이었습니다.

다섯째, 삼국 시대 사람이 입은 옷차림에 대해 기록해 놓았습니다. 신라는 신분에 따라 옷차림도 모두 달랐습니다. 어떤 색깔 옷을 입어야 하고 무엇으로 만든 신발을 신어야 하는지 심지어 속옷도 어떤 옷감으로 만들어야 하는지 정해져 있었다는 것을 알 수 있습니다.

이처럼 ≪삼국사기≫가 없었다면 우리는 고구려, 백제, 신라에 대한 많은 사실을 몰랐을 것입니다. 또 일본이나 중국 같은 다른 나라 역사책에 적혀 있는 내용을 통해야만 삼국 시대에 대해 알 수 있었을 겁니다. 다른 나라 역사책은 그 나라 위주로 적혀 있기 때문에 우리나라에 대해 제대로 기록하지 않았을 것이고, 내용도 훨씬 적었을 것입니다.

그러므로 ≪삼국사기≫는 삼국 시대 역사와 생활을 알 수 있는 귀중한 자료입니다.

성골 집

진골 집

6두품 집

5두품 집

평민 집

1. ≪삼국사기≫가 중요한 까닭은 무엇일까요?

나라 기록관에 다녀와서

▶ 김부식이 편찬한 ≪삼국사기≫가 없었다면 우리는 고구려, 백제, 신라에 대한 많은 사실을 몰랐을 것입니다. 이처럼 우리 조상이 우리 역사를 기록하고 잘 보존했기 때문에 우리는 우리 역사에 대해서 잘 알 수 있습니다. 우리도 우리 후손에게 우리 역사를 알려주기 위해서 중요한 기록을 어떻게 보관해야 하는지 생각해 봅시다.

　지난 토요일, 엄마와 나는 나라 기록관에 다녀왔다. 이름부터 재미없을 것 같은 나라 기록관에 가는 대신 일요일에는 꼭 놀이공원에 가기로 몇 번씩이나 엄마에게 다짐을 받고 출발했다.

　나라 기록관에 도착하자, 나처럼 보조개가 쏙쏙 들어가는 누나가 나라 기록관에 대해서 설명해 주었다. 나라 기록관은 우리나라 역사를 보관하는 곳으로 국가에 관한 중요한 자료나 대통령에 관한 기록이 보관되어 있다고 했다.

　먼저 지하 전시실에 있는 문서 보관소에 간다고 해서 우리는 점심 식사 때 급식을 받을 때처럼 줄을 맞추어 지하로 내려갔다. 열쇠로 잠긴 문을 두 번이나 지나서야 문서보관소 안에 들어갈 수 있었다. 이승만 대통령부터 우리나라 대통령에 관한 모든 중요한 기록이 보관되어 있는 곳이라고 했다.

　대통령에 대한 문서를 모아둔 곳이라 해서 호텔처럼 번쩍번쩍 빛나고 화려하게 꾸며진 곳을 상상했는데, 막상 보니 내가 생각하는 것처럼 멋진 곳이 아니라 실망스러웠다. 페인트칠도 안 된 벽은 얼룩덜룩한 회색빛이고, 천장에도 보기 싫게 배관이 모두 나와 있어서 꼭 지하창고 같다는 생각이 들었다.

　그런데 설명해주시는 아저씨가 페인트 냄새가 독하기 때문에 문서도 스트레스를 받을 수 있어서 칠하지 않는 것이고, 배관이 안 보이게 해 놓으면 녹이 슬었는지 금방 알아챌 수 없기 때문에 쉽게 볼 수 있도록 일부러 배관을 보이게 했다고 설명해 주셨다.

　또 보관을 잘하기 위해서는 온도와 습도도 항상 일정하게 유지해야 한다고 하셨다. 기록을 잘 보관하기 위해 이렇게 애쓰고 있구나 생각하니 역사책을 지키기 위해 노력했던 조상 모습이 떠올랐다. 기록을 중요하게 여겼던 전통을 지금도 꿋꿋하게 지키고 있는 것을 하늘나라에서 보고 흐뭇하게 생각하시겠지. '역시 우리를 닮아서 똑똑해'라고 하실 것 같다.

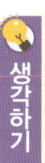

1. 문서를 잘 보관하기 위해서는 어떤 점을 조심해야 할까요? 아는 대로 써보세요.

45

나라를 바로 잡으려한

경대승

(1154년~1183년, 고려 시대 무신)

🔊 역사 연대기

1170년 무신정변이 일어남
1174년 조위총이 난을 일으킴
1176년 망이 망소이가 난을 일으킴

🔊 학습목표

1. 경대승에 대해 알 수 있다
2. 무신정변이 일어난 까닭에 대해 알 수 있다.
3. 군인에 대해 알 수 있다.

문신을 잘 대해준 경대승

　경대승은 군인 벼슬을 하는 무신 집안에서 태어났습니다. 아버지는 높은 벼슬을 이용해 다른 사람 땅을 강제로 빼앗았는데, 죽으면서 경대승에게 모두 물려주었습니다. 그러나 경대승은 그 땅을 백성에게 나누어 주었습니다.

　아버지가 높은 벼슬에 있었기 때문에 음서제도로 벼슬을 할 수 있었고, 차차 높아져 장군이 되었습니다.

　그러나 경대승은 학문을 매우 중요하게 여겼습니다. 반란을 일으켜 권력을 잡은 정중부 무리는 학문을 하는 문신을 업신여기고 제멋대로 권력을 휘둘렀는데, 경대승은 '무신이 반란을 일으키기 전으로 되돌아가는 게 더 나아. 백성을 괴롭히고 나라를 어지럽히는 무신을 몰아내야겠어. 내 힘으로 그런 세상을 만들어야겠어.'라고 결심했습니다.

　경대승은 뜻이 맞는 사람을 모아 나갔습니다. 임금을 지키는 벼슬을 하는 허승도 경대승을 따르겠다고 했습니다.

　정중부는 자기에게 맞설 사람이 아무도 없다고 여겨 마음을 놓고 있었습니다. 그 날은 궁궐에서 불교 행사를 하는 날이라 궁궐을 지키는 군사도 모두 피곤해 깊이 잠들어 있었습니다. 경대승은 결사대 30명을 이끌고 궁궐 담을 넘었습니다. 궁궐에 있던 정중부 아들인 정균과 따르는 무리를 찾아내 모두 죽였습니다. 도망쳐서 숨어있던 정중부도 찾아내 죽였습니다.

　정중부 무리가 죽었다는 소식을 들은 조정 대신과 온 나라 백성이 크게 기뻐했습니다.

살아있는 인물 열어가는 역사

명종도 기뻐하며 경대승에게 정중부 아들이 차지하고 있던 높은 벼슬을 주려고 했습니다. 경대승은 자신은 글자를 모르니, 높은 벼슬은 문신이 맡아야 한다며 사양했습니다.

이렇게 정중부 무리를 몰아낸 경대승은 권력을 잡았지만, 권력자 무리를 만들지 않았습니다. 자신이 맡고 있던 장군직까지 그만두고 집으로 돌아가서 지냈습니다. 나라에 큰 일이 있을 때만 궁궐에 들어가 나랏일을 돌보았습니다. 경대승은 관리도 무신과 문신을 고루 뽑아서 썼습니다. 잘못을 저지르면 문신, 무신을 가리지 않고 엄히 다스렸습니다.

많은 무신은 문신에게 잘 대해주는 경대승을 싫어했습니다. 경대승도 많은 무신이 자기를 싫어한다는 것을 잘 알고 있었기 때문에 누군가가 자신을 해치지 않을까 늘 불안해했습니다. 그래서 궁궐에 쳐들어갔던 결사대 30명에다 백여 명을 더 늘려서 자신을 지키게 했습니다. 이를 도방이라고 불렀고, 도방은 경대승을 든든하게 보호해 주었습니다. 경대승도 가끔 도방 병사와 함께 잠도 자고, 식사도 같이 하면서 친하게 지냈습니다.

하지만 경대승은 권력을 잡은 지 4년 만인 서른 살에 병을 얻어 세상을 떠났습니다. 백성은 크게 통곡하며 슬퍼했습니다.

경대승이 죽고 나자, 고려는 다시 이의민과 최충헌으로 이어가며 백 년 동안이나 무신이 권력을 다투는 어지러운 나라가 되고 말았습니다.

 1. 경대승이 도방을 만든 까닭은 무엇인가요?

그때 사람은

천대받던 무신이 일으킨 반란

　고려 임금 무덤 앞에 서 있는 문신상과 무신상을 보면 문신상이 무신상보다 높은 자리에 있는 것을 볼 수 있습니다. 다 같이 임금 무덤을 지키는 돌인데도 문신은 위에 세우고, 무신은 아래에 세운 것을 보면 무신이 차별받았다는 것을 알 수 있습니다.

　고려 시대 무신은 문신보다 지위가 낮았습니다. 다 같은 귀족이지만, 과거제도를 통해 권력을 쥔 문신이 나라를 이끌어 나가자, 무신보다 높아지게 되었습니다.

　문신을 높이 받드는 것은 '묘청의 난'이 일어나고부터 더욱 심해졌습니다. 왜냐하면 묘청과 한편이 된 서경사람이 무신을 중심으로 모였기 때문입니다. 난이 실패하자, 무신은 힘이 약해졌고, 진압한 쪽인 문신은 힘이 더 커졌습니다.

　고려 무신은 정3품 상장군이 최고 벼슬이어서 정2품과 정1품에는 무신이 없고, 문신만 있었습니다. 그래서 전쟁을 지휘하는 최고 사령관인 원수나 부원수도 문신이 맡았습니다. 거란을 물리친 강감찬, 여진 땅을 정벌해 9성을 쌓은 윤관, 외교 담판으로 거란을 물리친 서희, 묘청의 난을 진압한 김부식 등 최고 지휘관은 모두 문신이었습니다.

　고려 시대 무신은 나라에서 주는 토지를 받아 생활을 했는데, 이 토지를 문신이 함부로 빼앗아 버려서 무신은 먹고살기가 어려웠습니다. 그래서 무신은 문신에게 불만이 많았습니다.

살아있는 인물 열어가는 역사

고려 18대 의종은 나라와 백성을 돌보는 것에는 관심이 없고, 노는 것에만 정신이 팔려 있었습니다. 임금이 궁궐에서 잔치를 벌여 문신과 함께 노는 동안 무신은 제대로 먹지도 쉬지도 못하고, 지키고만 있었습니다. 나라를 지키는 무신이 문신이 노는 것을 지키는 호위병 신세가 된 것입니다. 문신은 그런 무신을 무시하거나 모욕하기도 했습니다. 김부식 아들인 김돈중은 자기보다 한참 나이가 많은 정중부 수염을 장난삼아 촛불로 태우기도 했습니다.

1170년 8월에도 의종은 문신을 데리고 보현원이라는 절로 놀러 나갔습니다. 가는 길에 오문이란 곳에 들러 잔치를 벌였습니다. 임금은 호위하는 무신에게 무술 시범을 보이라고 했습니다. 이때 대장군인 이소응이 젊은 무신과 대결을 벌이다가 힘이 부쳐서 지고 말았습니다. 옆에서 구경하던 젊은 문신인 한뢰가 대결에서 졌다고 이소응 뺨을 때렸습니다. 그 모습을 보고 왕과 문신은 박수를 치며 웃었습니다. 평소에도 무시당하는 것에 화가 나있던 무신은 더 이상 참을 수가 없었습니다.

보현원에 도착한 그날 밤, 정중부, 이의방, 이고를 비롯한 무신이 문신을 모조리 죽이고, 권력을 차지해 버렸습니다. 이 반란을 무신이 일으킨 난이라고 해서 '무신정변'이라고 합니다. 무신은 의종 임금을 거제도로 귀양 보내고, 명종을 새 임금으로 세웠습니다.

그 뒤 약 백 년 동안 고려는 무신이 권력을 쥐고 다스린 무신정권시대가 되었습니다.

 1. 무신정변은 왜 일어났을까요?

 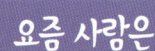 요즘 사람은

멋진 군인이 되고 싶어요

▶ 무신은 임금을 보호하고 외적으로부터 나라를 지키는 군인이었습니다. 요즘도 씩씩하고 용감한 군인이 나라를 지키고 있습니다. 군인에 대해서 알아봅시다.

"삼촌, 나도 삼촌처럼 멋진 군복을 입은 군인이 되고 싶은데 어떻게 하면 돼요?"

"군인이 되는 건 국민 의무야. 의무는 사람이 마땅히 해야 할 일을 말하는 거야. 그러니까 국민 의무라고 하면 국민이 해야 할 일이겠지? 그런 의무가 네 가지가 있는데, 그 가운데 국방의 의무는 어른이 된 남자는 군대에 가야 한다는 말이야."

"어른이 되면 모두 군인이 되는 거예요?

"다 그런 것은 아니야. 예외가 있지. 군대에 가기 전에 신체검사를 받거든. 신체검사를 받아서 건강에 이상이 없는 남자는 삼촌처럼 군대에 간단다. 하지만 몸이 많이 아픈 경우에는 군대를 가지 않아도 되고, 군대에서 보내는 날짜를 줄여주기도 한단다."

"그럼 얼마나 오랫동안 군대에 있어야 해요?"

"삼촌 같은 경우에는 2년 정도 군대에 있어야 하지만, 점점 군대에서 생활하는 기간이 줄어들고 있단다."

"근데 삼촌은 계급이 뭐예요?"

"삼촌은 일등병이야. 모자에 붙어있는 작대기가 둘이지? 작대기가 하나면 이등병이야. 군대에 처음 들어가면 이등병이야. 그 다음이 작대기가 둘인 일등병, 세 개가 달려있으면 상병, 네 개면 병장이라고 하지. 병장이 가장 높은 계급이지."

"어, 내 친구 범준이 아빠는 대령이라고 하던데. 대령은 없잖아요?"

"삼촌처럼 국방 의무 때문에 군대에 가는 사람은 병장이 가장 높은 계급이야. 하지만 직업으로 군인이 되는 사람은 병장 위인 하사에서 시작해 중사, 상사로 높아지는 하사관과 소위, 중위, 대위, 소령, 중령, 대령으로 높아지는 장교가 있어. 그리고 계급장이 별인 장군이 가장 높은 계급이야."

"그렇군요. 삼촌 이야기를 들으니 더욱 군인이 되고 싶어요. 빨리 어른이 됐으면 좋겠어요."

 생각하기

1. 직업 군인이 되려면 어떤 점을 갖추어야 할까요?(두 가지 이상 쓰세요)

46

노비 없는 세상을 만들려 한

만 적

(태어난 때 모름~1198년, 고려 시대 노비)

🔊 역사 연대기

1170년 무신 정권을 세움
1184년 이의민이 정권을 잡음
1196년 최충헌이 정권을 잡음
1200년 진주에서 노비들이 난을 일으킴

🔊 학습목표

1. '만적의 난'에 대해 알 수 있다.
2. 고려 시대 신분 제도에 대해 알 수 있다.
3. 농민과 천민이 저항운동을 벌인 까닭을 생각할 수 있다.
4. 자유롭게 생활하는 것에 대해 생각할 수 있다.

노비 해방을 꿈꾼 만적

어느 날, 산에서 땔나무를 하던 만적은 억울한 생각이 들었습니다. 노비로 태어나서 평생을 무시 당하고 일만하며 살아야 하는 자기 처지가 너무도 슬펐습니다. 만적은 가장 큰 권력을 쥐고 있던 무신인 최충헌 집에서 일하는 노비였습니다.

무신이 권력을 잡은 뒤, 천한 노비 가운데서도 높은 벼슬에 오르는 사람이 생기는 것을 보면서 자기도 노비에서 벗어나고 싶었습니다. 노비 없는 세상을 만들고 싶다는 생각은 점점 깊어졌습니다. 산에 나무를 하러 갈 때마다 많은 노비를 만나 설득했습니다.

어느 날, 개경 북산에 많은 노비가 모여 들었습니다. 만적은 힘차게 말했습니다.

"무신이 권력을 잡은 뒤로 노비 가운데서 높은 벼슬에 오른 사람이 많이 있소이다. 왕과 귀족은 따로 정해져 있는 게 아닙니다. 왜 우리는 힘들게 일하면서 고생만 한단 말이오? 우리도 사람답게 살아봅시다."

만적이 말을 마치자, 맛장이, 연복, 성복, 소삼, 효삼이를 비롯한 많은 노비가 함성을 지르며 '옳소! 옳소!' 하고 외쳤습니다.

만적과 노비들은 궁궐 근처에 있는 흥국사에서 다시 모이기로 약속을 했습니다. 북을 치고 고함을 지르면 궁궐에 있는 내관과 노비가 도와주기로 했습니다. 먼저 최충헌을 없앤 뒤, 각자 자기 주인을 죽이고 노비 문서를 불태워 버리기로 계획을 세웠습니다.

그리고는 누런 종이 수천 장을 오려 정(丁)자를 표시로 새겨서 나누어 가졌습니다. 정(丁)이란 양인을 뜻하는 말로써 노비에서 벗어나고 싶은 마음을 나타낸 것이었습니다.

살아있는 인물 열어가는 역사

　마침내 약속한 날이 되었습니다. 희망에 부푼 마음과는 달리 흥국사에 모인 노비 수는 몇 십 명밖에 되지 않았습니다. 많은 노비가 자신이 노비인 게 당연하다고 생각했고, 만적과 같은 마음을 가졌다 해도 나서기를 두려워했습니다.
　"너무 적게 모였소. 이 정도 가지고는 성공하기 힘들 것 같소."
　만적은 하는 수 없이 며칠 뒤에 보제사에서 다시 모이기로 했습니다. 비밀이 새어 나가면 안 되니까 모임에 대해 말하지 않기로 단단히 다짐을 했습니다.
　그런데 그 날 모였던 한충유 집 노비 순정은 어찌해야 할지 고민에 빠졌습니다. '우리 주인은 착한 사람이라 나를 때린 적이 없었다. 내게 잘 대해 주었는데, 그런 주인을 죽일 수는 없어. 그리고 만약 모임이 실패로 돌아간다면 우리는 어떻게 되는 거지?'
　결국 순정은 주인에게 계획을 몰래 일러 바쳤습니다. 한충유는 최충헌에게 달려가 모든 사실을 알려 주었습니다. 몹시 화가 난 최충헌은 만적을 비롯한 노비 백여 명을 잡아들였습니다. 꽁꽁 묶어서 산 채로 예성강 물에 던져 버렸습니다. 노비 신세에서 벗어나고 싶은 꿈도 강물 속으로 사라지고 말았습니다. 순정은 상금으로 은 80냥을 받았고, 노비 신분에서 풀려났습니다.

　노비 없는 세상을 만들기 위해 들고 일어난 만적은 결국 뜻을 이루지 못했습니다. 하지만 정해진 자기 신분을 당연한 것으로 받아들였던 그 시대 사람에게 커다란 깨달음을 주었습니다. 다른 천민이나 농민도 잇달아 들고 일어나게 되었습니다.

1. 만적이 난을 일으키려다 실패한 까닭은 무엇인가요?

힘없는 백성이 들고 일어났어요.

옛날에는 태어날 때부터 높고 낮은 신분이 정해져 있었습니다. 고려 시대도 마찬가지였습니다. 왕족, 문벌 귀족, 향리 등이 높은 신분이었습니다. 낮은 신분은 농민, 상인 같은 양인과 향, 소, 부곡 같은 특수한 마을에 사는 사람, 그리고 물고기를 잡거나, 가축을 잡는 것 같이 힘든 일을 하는 사람이었습니다. 그 밑에는 천한 신분인 노비가 있었습니다.

신분은 자식에게 그대로 이어졌습니다. 귀족이 아닌 양인이 과거시험을 보아서 관리가 되거나, 천민이 전쟁에서 공을 세워 무관이 되면 신분이 높아지기도 했지만, 무척 어려운 일이었습니다. 누구나 태어날 때부터 정해진 자기 신분에 따라 살아야했습니다.

문벌 귀족은 왕과 함께 나라를 다스리는 관리인데 조상대대로 물려받은 넓은 땅과 많은 노비를 거느리고 있었습니다. 대궐 같은 집에서 비단 옷을 입고 흰 쌀밥을 먹으며 호화롭게 생활했습니다. 향리는 각 고을을 다스리며 세금이나 특산품을 거두고 관리했습니다.

농민은 농사를 지으며 살았습니다. 나라 땅을 빌려 농사짓는 대가로 많은 세금을 내야 했습니다. 연못을 만들거나 저수지 둑을 쌓는 등 나라에 공사가 있을 때에는 불려나가 돈도 받지 못하고 힘든 일을 해야 했습니다.

천민을 모아서 따로 살게 한 향, 소, 부곡 주민은 농사짓고, 세금을 내는 것은 물론이고, 금, 은, 종이, 먹 등 자기 고을에서 나는 생산물도 나라에 바쳐야 했습니다. 노비는 아니었지만, 힘든 일을 하며 천대 받았습니다.

노비는 가장 낮은 신분으로 사람 대접을 받지 못했습니다. 주인이 시키는 대로 일해야 하는 기계 같은 사람이었습니다. 노비는 사고 팔 수 있었으며, 다른 사람에게 선물로 줄 수도 있었습니다. 아무리 비싼 노비라도 말보다 값이 쌌습니다.

무신이 권력을 잡았을 때, 백성은 무신이 나라를 바로 잡고 백성을 잘 보살펴 줄 것이라고 크게 기대를 했습니다. 문신에게

무신의 난이 일어난 보현원-강원 춘천

천대받았으니 백성 사정을 잘 알아줄 것이라고 생각했습니다. 그러나 무신은 백성을 보살피기는 커녕 자기네끼리 권력 싸움만 했습니다.

살아있는 인물 열어가는 역사

여전히 나쁜 관리는 세금을 지나치게 많이 거두어들이며 백성을 괴롭혔습니다. 게다가 흉년까지 들어 백성은 생활이 더욱 힘들었습니다. 집을 나와 정처 없이 떠돌아다니는 사람이 점점 많아졌습니다. 세상에 대한 불만도 점점 커져갔습니다.

또 이의민 같은 천한 사람이 무신정변 때 큰 공을 세워 높은 자리에 오르는 것을 보면서 그동안 참고 지내 왔던 노비도 신분을 바꿀 수도 있다는 생각을 갖게 되었습니다. 신분을 바꾸기 위해 직접 나서기도 했습니다.

무신이 나라를 다스리는 동안 곳곳에서 수많은 백성이 들고 일어났습니다. 서경에서 무신 정권에 반대하는 조위총이 난을 일으켰고, 많은 세금과 힘든 일에 시달리던 공주 명학소 마을에서 망이, 망소이가 무리를 모아 공주성을 공격했습니다. 전주 관청에서 일하는 노비도 난을 일으켰습니다.

노비 없는 세상을 만들려고 한 '만적의 난'이 일어난 뒤부터 민란은 점점 커지면서 전국으로 퍼져나갔습니다. 농민, 천민, 노비, 승려 등 많은 백성이 참여했습니다. 경상도에서 일어난 '김사미의 난', '효심의 난', 서경에서 일어난 '최광수의 난', 전라도에서 일어난 '이연년 형제의 난' 등이 있었습니다.

무신 정권 때 재상을 지낸 이규보는,

흉년들어 거의 죽게 된 백성 앙상하게 뼈와 가죽만 남았네
몸속에 살이 얼마나 있다고 남김없이 죄다 긁어 내려하는가
너는 보는가, 강물 마시는 두더지도 그 배를 채우는데 지나지 않는다
묻노니, 너는 입이 얼마나 많아서 백성의 살을 탐욕스럽게 먹는가

라는 시를 써서 부패한 관리를 비판했습니다.

 1. 고려 시대에 가장 낮은 신분으로 가장 천대 받았던 사람은 누구였나요?

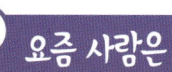

내 마음대로 하고 싶어요

▶ 옛날에 신분이 낮은 사람이 자유롭게 살고 싶었던 것처럼 자유롭게 사는 것에 대해서 생각해 봅시다.

"종엽아, 내 목소리 들리니? 소곤소곤 얘기 하는 중이거든. 너무 늦은 시간에 전화하는 걸 엄마가 알면 야단치거든.

우리 엄마는 아무 때나 맘대로 전화하면서 내가 좀 늦게 전화하는 것은 안 된다고 해. 엄마 친구랑 통화 할 때 보면 삼십 분 넘게 수다 떨면서 나보고는 통화는 간단히 할 말만 하는 거라고 해.

지금, 저녁 먹고 학교 숙제랑 학원 숙제하고 텔레비전 보다가 너무 늦었으니, 그만 방에 들어가서 자라고 해서 들어 왔지 뭐. 넌 뭐하는 중이야? 그래? 넌 그렇게 놀 수 있으니까 좋겠다. 너희 엄마는 회사 다니니까 집에 없을 때가 많잖아. 그럼 네 마음대로 할 수 있을 거 아냐.

우리 엄마는 내가 무슨 슈퍼맨인 줄 아나 봐. 공부도 잘하고, 피아노 잘 치고, 그림도 잘 그리고, 운동도 잘하라고 그래. 어떻게 사람이 모든 걸 다 잘 할 수 있니?

그러면서 하지 말라는 건 왜 그렇게 많은지. 친구랑 싸우면 안 된다. 수업시간에 딴 짓하면 안 된다. 컴퓨터 오래하면 안 된다. 게임 많이 하면 안 된다. 텔레비전 많이 보면 안 된다. 학원 빠지면 안 된다. 학교 앞 문방구에서 파는 아이스크림이나 과자 사먹으면 안 된다. 우리 엄마는 나한테 잔소리 안 하면 아마 심심해서 못 살 거야.

응? 내일 학교 끝나고 너 네 집에서 같이 놀자고? 글쎄, 안 될 것 같은데. 내일 영어 학원가는 날이라 학교 끝나고 바로 학원으로 가야 하거든. 야, 그만 끊자. 우리 엄마가 부른다."

1. 하루 종일 내 마음대로 하라고 하면 무엇을 하고 싶나요?

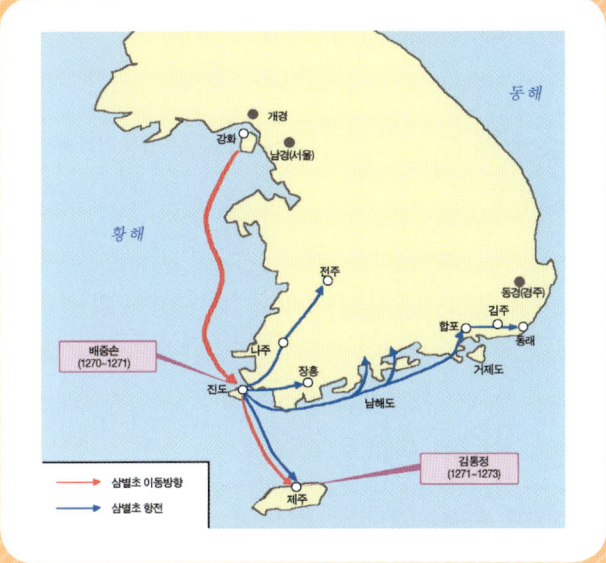

47

몽골에 끝까지 저항한

삼별초

(1220년대~1273년, 고려 시대 군인)

🔊 역사 연대기

1231년 몽골이 침입함
1232년 강화도로 수도를 옮김
1236년 팔만대장경을 만들기 시작함
1270년 고려 정부가 개경으로 돌아감
1273년 삼별초가 진압됨

🔊 학습목표

1. 삼별초가 몽골에 맞서 싸운 과정을 알 수 있다.
2. 고려를 지켜낸 농민과 천민들에 대해 알 수 있다.
3. 경찰특공대에 대해 알 수 있다.

인물 이야기

끝까지 몽골에 맞서 싸운 삼별초

몽골 고원에서 힘을 키운 몽골족은 날쌔고 힘센 군대를 앞세워, 중국 대륙을 차지하고, 원나라를 세웠습니다. 그리고 고려로 쳐들어 왔습니다. 고려는 수도를 개경에서 강화도로 옮기고는 항복을 하지 않았습니다.

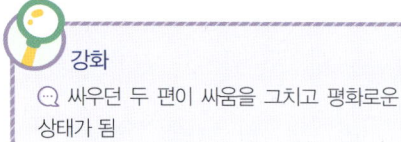

강화
🔍 싸우던 두 편이 싸움을 그치고 평화로운 상태가 됨

몽골은 고려 백성이 목숨을 걸고 끈질기게 싸우자, 고려 왕실과 강화를 맺었습니다.

몽골과 싸울 것을 주장해 온 무신정권이 무너지자, 고려 왕실은 개경으로 돌아와 무신정권을 지키는 부대인 삼별초에게 흩어지라고 명령했습니다. 삼별초는 개경으로 돌아가면 무신정권을 위해 일했기 때문에 처벌을 받을까 두려웠습니다. 명령에 따르지 않고, 강화도에서 몽골에 맞서 싸우기로 결정했습니다.

삼별초를 이끌던 배중손은 무기창고를 열어 몽골군과 싸우려는 사람에게 나누어 주었습니다. 몽골에 항복한 고려 왕실은 나라가 아니라고 생각한 삼별초는 왕족인 '온'을 임금으로 세웠습니다. 관청을 만들고, 관리도 뽑아서 새로운 나라를 만들었습니다.

어느 날 한 부하가,

"장군님, 강화도는 육지에서 너무 가까워 몽골군이 쉽게 공격해 올 것입니다. 더 안전한 진도로 옮기는 것이 좋겠습니다."

라고 했습니다. 배중손도 물살이 거칠고 험해서 쳐들어오기 어려운 진도가 더 좋다고 생각했습니다. 몽골군은 말을 타고 육지에서 전쟁하는 것에만 익숙하기 때문에 바다에서 싸우면 쉽게 이길 수 있기 때문입니다.

살아있는 인물 열어가는 역사

　배중손은 배 천여 척에 무기와 식량, 그리고 사람을 태우고 진도로 떠났습니다. 진도로 옮겨 온 삼별초는 궁궐인 용장성을 쌓고, 용장성 둘레에 용장산성을 세웠습니다.

　제주도를 비롯한 남해안을 지배하게 된 삼별초는 지방 세력을 모아 힘을 키우고, 바닷길을 손아귀에 쥐고는 무역길을 막았습니다.

　삼별초가 점점 강해지자, 원종 임금은 김방경을 보내 무찌르라고 했습니다. 몽골 장수 아해도 많은 군사를 이끌고 와서 고려군과 힘을 합쳤습니다. 하지만 바다에서 잘 싸우는 삼별초는 언제나 승리를 거두었습니다.

　그러나 삼별초가 남해안 섬을 돌아보러 나간 사이에 고려군과 몽골군이 기습으로 공격을 했습니다. 용장성이 함락되고 말았습니다. 그 싸움에서 배중손과 온이 죽자, 삼별초도 힘이 약해졌습니다.

　이대로 무너질 수 없다고 생각한 삼별초는 김통정을 중심으로 다시 뭉쳤습니다. 육지와 더 멀리 떨어진 제주도로 옮겨서 고려와 몽골에 맞서 싸웠습니다. 그러나 잇달아 공격을 당하자, 더 이상 견디지 못하고 무너지고 말았습니다.

1. 삼별초가 몽골군과 싸우기 위해 옮긴 장소를 순서대로 써보세요.

강화도　　→　　(　　　　　　　　)　　→　　(　　　　　　　　　　)

고려를 지켜낸 농민과 천민

고려 때 몽골은 30여 년 동안 여섯 차례에 걸쳐 쳐들어왔습니다. 권력을 잡고 있던 무신정권은 처음에는 몽골군과 싸웠습니다. 그러나 몽골군을 막을 수 없게 되자 바다에서 싸우는 것에 약한 몽골군을 피해 수도를 강화도로 옮겼습니다.

강화도로 간 무신은 개경에 살 때처럼 사치스럽고 호화로운 생활을 했습니다. 육지에 남아 있는 백성에게는 산성과 섬으로 피신하라고만 했습니다. 나라에서 지켜주지 않았기 때문에 백성은 몽골군에게 죽거나 포로로 잡혀갔습니다. 잡혀가거나 죽지 않으려면 스스로 몽골군과 맞서 싸워야 했습니다.

백성 힘으로 몽골군을 물리친 가장 큰 싸움은 처인성 전투였습니다. 1232년 12월에 살리타가 이끄는 몽골군이 쳐들어 왔습니다. 제 2차 침입입니다. 몽골군은 한강을 건너 경기도 광주로 쳐들어 갔습니다. 몽골군은 지나는 곳마다 닥치는 대로 고려 사람을 죽이고 집을 불태웠습니다. 몽골 별동부대는 대구까지 내려가 부인사에 있던 〈초조대장경〉을 불태웠습니다.

그러나 광주산성에서 부사인 이세화를 중심으로 몽골군에 맞서 싸웠습니다. 성을 함락시키지 못한 몽골군은 어쩔 수 없이 광주를 떠나 경기도 용인에 있는 처인성으로 갔습니다.

살아있는 인물 열어가는 역사

처인성은 흙으로 나지막이 쌓아 올린 보잘 것 없는 성이었습니다. 그리고 일반 백성보다 천대를 받는 사람이 모여 사는 처인부곡이었습니다. 제대로 된 군대도 없었습니다. 처인성 백성을 이끈 장수는 김윤후라는 승려였습니다. 김윤후와 처인성 백성은 용감하게 싸웠습니다. 싸움을 지휘하던 살리타가 화살에 맞아 죽자, 몽골군은 공격을 멈추고 물러갔습니다. 처인성전투는 몽골군에 맞서 고려가 가장 크게 이긴 싸움입니다.

20년 뒤에 몽골이 다시 쳐들어 왔을 때도 김윤후는 충주성에서 노비문서를 불태우며,

"싸움에서 이기면 천민 신분을 면하게 해줄 뿐만 아니라 벼슬까지 주겠다."

며 노비를 이끌고 승리를 거두었습니다.

이처럼 몽골군 침략을 막아낸 것은 고려 군대가 아니라 농민과 천민이었습니다.

몽골군은 중국과 유럽까지 모두 정복해 큰나라를 세웠지만, 고려처럼 끈질기게 맞서는 나라를 보지 못했습니다. 몽골족이 세운 원나라 황제가,

"천하에서 백성과 나라를 유지하고 왕위를 누리는 나라는 오직 고려다."

라고 말할 정도로 몽골군에게 침략을 받고도 나라이름을 그대로 지킨 나라는 고려뿐입니다.

 1. 몽골군 침략을 받았지만, 나라를 지킬 수 있었던 것은 누구 때문일까요?

요즘 사람은

경찰특공대에 대해 알고 싶어요

▶ 삼별초는 무신정권을 지키는 특수한 일을 맡아서 하던 군대였습니다. 요즘에도 삼별초처럼 특별한 일을 하기 위해 따로 뽑는 군인이나 경찰이 있습니다. 그런 일을 하는 경찰특공대에 대해서 알아봅시다.

　1972년 뮌헨올림픽 때 테러 사건이 일어났습니다. 팔레스타인 테러리스트가 이스라엘 선수단 숙소를 습격한 것입니다. 그 사건 뒤부터 올림픽을 여는 나라는 테러가 일어나지 않도록 힘을 기울였습니다. 우리나라도 88서울올림픽을 열게 되면서 테러를 막기 위한 경찰특공대를 만들었습니다.

　경찰특공대는 올림픽이나 월드컵, 국제회의 등 많은 외국 사람이 모일 때 테러가 일어나지 않도록 미리 막아서 사람이 다치거나 건물이 부서지지 않도록 지키는 일을 합니다. 또한 테러가 일어났을 때는 인질을 구해내거나 폭발물이 터지지 않도록 막는 일을 합니다. 이렇게 위험한 일을 하기 위해 경찰특공대원은 많은 장비를 갖추고 있습니다.

〈경찰특공대 기본 장비〉

1. 보안경 – 불이 났을 때 눈을 보호하기 위해서 씁니다.
2. 방탄조끼 – 총탄을 막을 수 있습니다.
3. 전술조끼 – 손전등, 실탄, 무전기를 넣고 다니기 편리하게 되어 있고 망사로 되어 있어 바람이 잘 통합니다.
4. 전투복 – 불에 타지 않는 옷감으로 된 검은색 전투복입니다.
5. 기관단총 – 가지고 다니기 편하고 성능도 뛰어난 총입니다.
6. 장갑 – 튼튼하고 열에 잘 견딜 수 있습니다.
7. 작전용 군화 – 움직일 때 소리가 잘 나지 않고 바닥이 고무로 되어 있어 미끄러지지 않습니다.

　경찰특공대는 진짜 테러가 일어난 것처럼 여러 가지 상황을 만들어 훈련을 해서 완벽하게 테러를 막을 수 있도록 노력하고 있습니다.

1. 경찰특공대가 되기 위해서는 어떤 것을 갖추고 있어야 할지 생각해서 써보세요.

48

삼국유사를 쓴

일연

(1206년~1289년, 고려 시대 승려)

역사 연대기

1231년 몽골이 고려를 침입함
1232년 고려 왕실이 강화도로 옮겨감
1251년 팔만대장경을 완성함
1285년 일연이 《삼국유사》를 씀

학습목표

1. 일연과 《삼국유사》에 대해 알 수 있다.
2. 팔만대장경과 장경판전에 대해 알 수 있다.
3. 세계문화유산에 대해 알 수 있다.

인물 이야기

백성 이야기도 역사다.

일연은 경상도 경산에서 태어났습니다. 아버지인 김언정은 하늘에서 빛이 집안을 비추는 꿈을 꾸고 태어난 아들에게 '견명'이라는 이름을 지어주었습니다. 견명은 어려서부터 승려를 좋아해 따라 다녔습니다.

아홉 살 때 견명은 무량사로 들어가 공부를 하다가, 열네 살에 승려가 되었습니다. '일연'이라는 승려 이름도 받았습니다.

하지만 나라에서 인정하는 정식승려가 되려면 '승과'라는 과거시험을 치러야 했습니다. 승과에 합격하면 임금이나 왕실 가족에게 불교를 가르치는 왕사나 국사가 될 수 있었습니다. 일연은 이름난 절과 도가 깊은 스님을 찾아다니며 가르침을 받고, 열심히 참선을 하며 도를 닦았습니다. 그리고 승과에 합격했습니다.

하지만 일연은 계속 도를 닦으며 공부만 할 수 없었습니다. 나라가 몽골과 전쟁으로 많이 어지러웠습니다. 일연은 몽골과 전쟁이 계속되자, 비록 공부는 멈추지 않았지만, 전쟁을 겪는 백성을 위해 기도를 했습니다. 대장경을 만드는 일에도 참여하며 빨리 전쟁이 끝나고 평화로운 시절이 오기를 기다렸습니다. 또 전쟁에 지친 백성을 찾아 전국을 다니며 마음을 달래주는 설법을 했습니다.

일연은 몽골과 30년을 싸우는 동안 백성이 힘을 합쳐 저항했던 것이 무척이나 자랑스러웠습니다. 그래서 이렇게 훌륭한 백성에 관한 글을 쓰고 싶었습니다.

전국을 다니던 일연은 백성이 하는 재미있는 이야기를 많이 알게 되었습니다. 단군신화와 전설, 고조선을 이은 옛 나라 이야기와 신라 화랑에 대한 이야기도 있었고, 신라 사람이 불렀던 노래인 향가도 있었습니다. 일연은 이 이야기를 틈틈이 모아 두었습니다.

살아있는 인물 열어가는 역사

　그러던 어느 날, 충렬왕이 개경에 있는 선월사로 오라고 했습니다. 일연은 선월사에 머물며 임금를 비롯한 여러 사람에게 좋은 설법을 들려주었습니다. 일연이 들려주는 부처님 말씀을 듣기 위해 많은 사람이 선월사로 모였습니다. 일연이 들려주는 설법을 듣고 깊은 감동을 받았습니다.

　일연은 임금에게 가르침을 주는 왕사가 되었다가 나라에서 받드는 승려인 국사가 되었습니다. 벼슬이 높아진 것은 잘된 일이었지만, 어머니 생각에 마음이 편하지 않았습니다. 일연은 임금에게 말했습니다.

　"고향에 계신 늙은 어머니를 모셔야겠습니다."

　벼슬을 버리고 고향으로 돌아갔습니다.

　어머니가 돌아가시자 그동안 가슴 속에 품었던 일을 하기 시작했습니다. 중국역사에 영향을 받지 않고, 우리만이 가지고 있는 우리 이야기로 된 역사책을 쓰기 시작했습니다. 그래서 단군신화를 비롯한 고조선, 부여, 가야 역사뿐만 아니라 전해져 내려오는 신화와 설화, 옛 승려 이야기, 향가를 넣었습니다.

　이 책이 바로 ≪삼국유사≫입니다. 일연은 이 책을 읽고, 사람이 스스로 하늘나라 자손임을 자랑스럽게 여기는 마음을 갖게 하고 싶었습니다.

탐구하기

1. 일연이 쓴 ≪삼국유사≫에는 어떤 이야기가 실려 있나요?

그때 사람은
부처님 힘으로 나라를 지켜라, 팔만대장경

고려는 인쇄술이 발달한 나라입니다. 불교를 믿은 고려는 부처님 가르침을 쓴 책인 불경을 만들어 불교를 널리 알렸습니다. 불경을 만들면서 인쇄술도 더불어 발전했습니다. 여러 불경을 묶은 것을 대장경이라고 하는데, 대장경을 만드는 일은 돈과 노력이 많이 필요합니다. 고려는 거란과 몽골이 쳐들어 와 나라가 혼란스러운 때에도 대장경을 두 번이나 만들었습니다. 백성 마음을 하나로 모으고, 부처님이 나라를 지켜주기를 바라며 정성껏 만들었습니다.

현종 임금 때인 1011년, 고려에 쳐들어 온 거란군을 물리치기 위해 만든 대장경을 '초조대장경'이라고 합니다. 이 대장경은 6천여 권이나 되는 불경을 20년 동안 만든 것입니다. 하지만 부인사에 있던 초조대장경은 1232년, 몽골군이 고려로 쳐들어 왔을때 불에 타 버렸습니다.

그러자 '오랑캐에게 짓밟힌 부처님 가르침을 다시 만들자'며 강화도에 '대장도감'이라는 관청을 세웠습니다. 1236년부터 16년 동안 대장경을 만들었는데, 불경을 새긴 판수가 8만 개가 넘어 팔만대장경이라고 합니다.

불경을 목판에 새기는 일은 남해섬에서 했습니다. 남해섬은 나무를 구하기 쉽고, 몽골군이 쳐들어와도 쉽게 눈에 띄지 않는 안전한 곳이기 때문입니다.

대장경을 만들기 위해서는 먼저 30년 이상 된 나무를 갯벌에 3년 동안 담가둡니다. 그 다음에 적당한 크기로 잘라 소금물에 삶아 그늘에서 말립니다. 그런 다음 대패로 곱게 다듬어 글자 새길 판을 만듭니다.

판이 완성되면 종이에 베껴 쓴 불경을 판에 붙인 다음 글자가 없는 부분을 파냈습니다. 불경을 나무판에 도장처럼 새기는 것입니다. 한쪽 면을 다 새기면 판을 뒤집어서 뒤쪽에도 새겼습니다.

글자를 새긴 경판은 벌레가 생기지 않도록 옻칠을 두 번 해서 잘 말렸습니다. 그리고 구리판으로 네 모서리를 싸서 뒤틀리지 않도록 했습니다.

1251년, 대장경이 드디어 완성되었습니다. 완성된 대장경은 강화도 선원사에 보관하다가, 조선 태조 임금 때 경남 해인사에 있는 장경판전으로 옮겼습니다.

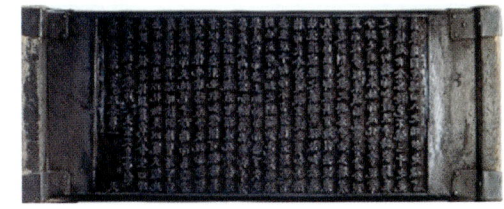

대장경판

오랜 세월이 지나도 대장경 경판은 벌레가 생기거나 틀어지지 않았습니다. 대장경을 오래 보존할 수 있었던 비밀은 장경판전에 있습니다.

장경판전은 나무와 흙으로 지었지만, 벌레가 생기지 않고, 바람과 습도를 조절할 수 있는 집입니다. 벽은 흙으로 쌓고, 바닥은 숯과 소금, 석회 그리고 모래를 층층이 다져서 만들었습니다. 경판을 꽂은 선반에도 단을 만들어 바람이 잘 통하도록 했습니다.

1. 고려 사람들이 전쟁이 벌어지는 가운데도 팔만대장경을 만든 까닭은 무엇인가요?

요즘 사람은

세계문화유산

▶ 문화재는 조상이 살아온 모습을 엿볼 수 있습니다. 그러나 오랜 시간이 흐르면서 전쟁, 개발 등으로 사라져 가는 문화재를 전세계 사람이 보호하려는 '세계문화유산'에 대하여 알아봅시다.

우리나라 문화재 가운데 우리나라 사람뿐만 아니라 세계 사람과 함께 보호하고, 자랑스러워하는 문화재가 있습니다. 바로 세계문화유산입니다.

국제연합에서 교육과 과학문화를 맡고 있는 유네스코는 1972년 11월에 '세계 문화 및 자연유산 보호협약'을 정했습니다. 협약 내용은 문화재나 자연물 가운데 보호되어야 할 소중한 것을 정해 세계 모든 사람이 함께 보존하고 후손에게 물려주자는 것입니다. 세계유산은 문화유산과 자연유산, 기록유산으로 나눌 수 있습니다. 세계유산으로 지정되면 여러 나라가 함께 보호하고, 세계사람이 관심을 갖게 됩니다.

유네스코에 등록된 우리 문화재를 살펴보면 세계문화유산으로는 종묘, 불국사, 석굴암, 해인사 장경판전, 창덕궁, 수원화성, 경주역사지구, 고창·화순·강화 고인돌 유적, 남한산성 그리고 조선왕릉이 있습니다.

세계자연유산으로 등록된 곳은 제주도인데, 수많은 기생화산과 용암동굴 같은 화산 지형이 만들어진 과정을 알 수 있고, 사라져 가는 여러 생물이 살아가는 곳이라 등록되었습니다.

기록유산은 옛 문서나 책 같이 옛 사람들이 남긴 귀중한 기록물을 말합니다. 고려 사람이 세계에서 처음으로 금속활자로 찍어 만든 책인 ≪직지심체요절≫은 대표적인 기록유산입니다. 그 밖에도 팔만대장경과 ≪조선왕조실록≫ ≪훈민정음≫ ≪승정원일기≫ ≪조선왕조의궤≫ ≪화성성역의궤≫가 있습니다.

화성(세계문화유산)-경기 수원

해인사장경판전
(세계문화유산)-경남 합천

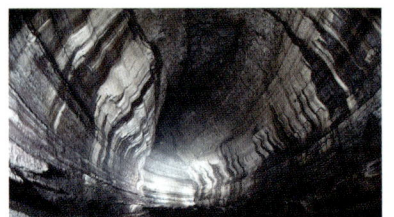
화산섬과 용암동굴
(세계자연유산)-제주

1. 알고 있는 문화재 가운데 세계 유산으로 만들고 싶은 것은 무엇인가요? 그 까닭도 써 보세요.

49

원나라 간섭에서 벗어나려 한
공민왕과 신돈

(공민왕 - 1330~1374, 고려 31대 임금
/ 신돈 - ?~1371, 고려 말 승려)

🔊 역사 연대기

1352년 공민왕이 변발, 호복 같은 몽골 풍습을 폐지함
1356년 쌍성총관부가 폐지됨
1361년 홍건적이 고려로 쳐들어 옴

🔊 학습목표

1. 공민왕과 신돈이 펼친 개혁에 대해 알 수 있다.
2. 몽골과 고려 문화 교류를 알 수 있다.
3. 문화 상품수출에 대해 알 수 있다.

고려에서 원나라 간섭을 물리친 공민왕

고려가 몽골에 맞서 30년을 싸웠지만, 결국 강화를 맺고 몽골지배를 받게 되었습니다. 몽골은 중국땅을 차지한 다음, 원나라로 이름을 바꾸었습니다. 고려가 원나라 지배를 받는 동안 원나라 황제는 고려 임금을 마음대로 정하고, 세자를 원나라에 강제로 데려가 살게 하며, 몽골 이름으로 부르게 했습니다. 또 원나라 공주와 결혼을 시켰습니다.

그래서 많은 신하가 고려 임금 보다는 원나라 뜻에 따르려 했습니다. 더욱이 기철은 원나라에 바치는 여자인 공녀로 갔던 여동생이 원나라 황제인 순제와 결혼하자, 원나라에 기대서 큰 권세를 누렸습니다. 또 충혜왕부터는 잇달아 나이 어린 세자가 임금이 되어 나라는 더욱 어지러워졌습니다.

충정왕에 이어 임금이 된 공민왕은 원나라 수도 연경에서 고려로 돌아오는 길에 헐벗고 지친 백성을 보았습니다. 대대로 벼슬을 하고 있는 권문세족에게 땅을 빼앗기고, 나라에 세금도 내면서 원나라에 보내는 공물까지 마련했던 백성은 아무리 열심히 일을 해도 먹고 살기가 어려웠습니다.

공민왕은 나라 힘을 키워 원나라 간섭에서 벗어나고, 고려를 바로 세워야겠다고 마음먹었습니다. 임금이 된 공민왕은 원나라 옷을 벗어 버리고, 옛날 고려옷으로 바꾸어 입었습니다.

"고려 사람은 고려 옷을 입고, 그 풍습을 따라야 고려 사람인 것이오. 이제부터 조정에 나올 때는 변발을 풀고, 고려 옷을 입어 하루 빨리 우리 고려 풍습을 찾도록 하시오."

신하에게도 말했습니다.

공민왕은 원나라 세력을 몰아내고 나라를 바로 잡기 위해서는 필요한 사람을 임금이 직접 뽑을 수 있도록 권문세족이 관리를 뽑던 '정방'을 없앴습니다.

살아있는 인물 열어가는 역사

그때 고려 귀족은 백성으로 부터 땅을 마구 빼앗았습니다. 귀족 집에서 억울하게 종살이를 하는 백성도 많았습니다. 그러자 세금이 줄어 나라 살림은 몹시 어려웠습니다. 공민왕은 '전민변정도감'이라는 관청을 만들어,

"벼슬아치나 승려에게 부당하게 빼앗긴 땅을 백성에게 돌려주고, 억울하게 종이 된 사람은 신분을 되찾게 하시오."

라고 했습니다. 땅을 되찾게 된 백성은 공민왕을 칭찬했습니다. 그러나 땅을 잃게 된 권문세족은 반대했습니다. 기철은 원나라에 있는 동생인 기황후 힘을 빌려 공민왕을 몰아내려 했습니다. 공민왕은 기철을 따르는 무리를 잡아들여 목을 베고, 귀양을 보냈습니다. 그리고 군대를 보내서 원나라가 지배하던 '쌍성총관부'도 없애버렸습니다. 원나라가 고려에 간섭하지 못하도록 했습니다.

하지만 원나라에서 일어난 홍건적이 압록강을 넘어 고려로 쳐들어오고, 남쪽 바닷가에는 왜구가 자주 나타나 약탈을 일삼았습니다. 외적을 물리치느라 개혁이 늦어졌습니다.

어느 날, 신하인 김원명이 승려인 신돈을 데려 왔습니다. 공민왕은 신돈이 비록 신분은 낮았지만, 세상을 보는 눈이 맑고, 백성을 불쌍히 여기는 것이 마음에 들어 나라 일을 맡겼습니다.

신돈은 공민왕 뜻을 받들어 새로운 인물을 뽑아 나라 일을 맡겼습니다. 그리고 전민변정도감에서 토지제도와 신분제도를 바로 잡는 일에 더욱 힘썼습니다. 성균관에 선비를 모아 유교를 가르쳤습니다. 백성은 크게 기뻐하였으나, 재산이 많고 권세가 높은 신하는 신돈을 미워했습니다.

어느 날 누군가가 신돈이 임금이 되려한다는 글을 공민왕에게 보냈습니다. 신돈은 이 일로 수원으로 귀양 가서는 그곳에서 죽었습니다. 개혁을 함께 할 신하를 잃은 공민왕이 점점 나라 일을 멀리하자, 고려는 다시 어지러워졌습니다.

그러나 이때 성균관에서 공부한 선비가 신흥사대부가 되어서 조선을 세우는 세력이 되었습니다.

1. 공민왕이 고려를 바로 세우기 위해 한 일은 무엇인가요?

 그때 사람은

고려양과 몽골풍

　1259년, 고려 태자는 몽골과 30년 동안 벌이던 전쟁을 끝내려고 원나라 세조를 만났습니다. 세조는 태자에게 고려가 원나라 지배를 받더라도 풍습과 제도는 원래 고려식을 쓰게 해주겠다고 약속했습니다.

　그러나 고려 왕자와 원나라 공주가 결혼을 하고, 사람도 서로 오고 가며 어울려 살게 되자, 문화와 풍습도 서로 섞이게 되었습니다.

　원나라에 가 있던 충렬왕이 임금이 되어 고려로 올 때 머리를 정수리부터 앞이마까지 빡빡 깎고, 가운데 머리카락은 뒤로 땋아 내린 변발을 했습니다. 옷도 원나라식인 호복을 입었습니다. 원나라 사람처럼 차려 입은 충렬왕을 보고 모두 깜짝 놀랐습니다. 하지만 시간이 지나자, 원나라 풍습이 점점 고려에 퍼져서 따라하는 사람이 늘어났습니다.

　임금이나 왕비에게 붙이는 '마마', 세자나 세자비를 가리키는 '마누라', 임금이 먹는 음식인 '수라', 궁녀를 뜻하는 '무수리' 등은 원나라 궁궐에서 쓰던 말입니다. 이 말은 고려를 이은 조선에까지 이어졌습니다.

　매사냥을 즐긴 원나라 사람은 우리나라에 '응방'이라는 관청을 두어 매를 키우게 했는데, 길들여 사냥에 쓰는 매를 '보라매', '송골매'라고 부르는 말도 이때 생겨났습니다.

　불교를 믿어서 고기를 먹지 않는 고려 사람이 고기를 먹기 시작한 것도 이때부터입니다. 설렁탕도 양고기로 만든 몽골 음식인 '슐루'에서 왔다고 합니다.

　결혼식 때 신부는 머리에 족두리를 쓰고, 볼에 연지를 찍었습니다. 족두리는 원래 원나라 여자가 외출을 할 때 쓰는 '고고'라는 모자였는데, 고려에서는 결혼식 때 썼습니다.

　조랑말도 원나라에서 들여와 제주도에서 키웠습니다.

　이렇게 고려에 유행한 원나라 풍습을 '몽골풍'이라고 합니다.

반대로 원나라에서도 고려 문화가 유행했는데, 이를 '고려양'이라고 합니다. 유목민이었던 원나라 사람은 뛰어난 고려 문화를 좋아해서 배우려고 했습니다.

불교가 발달한 고려는 불교경전을 원나라에 전해주었습니다. 원나라 황제인 세조는 고려에서 가져간 불교경전을 연구하는 관청을 세웠습니다. 병이 난 세조는 원나라 의사가 잘 고치지 못하자, 충렬왕에게 유명한 의사를 원나라로 보내달라고 했습니다. 충렬왕은 자신을 고쳐준 적이 있는 설경성을 원나라에 보냈습니다. 원나라에 온 설경성은 병이 난 세조를 잘 치료해 보름 만에 깨끗이 낫게 했습니다. 그리고 황제 주치의가 되어 원나라에 의술을 전해주었습니다.

고려 바둑도 원나라에 널리 퍼졌습니다. 바둑을 좋아한 세조는 바둑을 잘 두었던 설경성을 불러 바둑을 두게 했습니다. 세조는 고려에서 바둑을 잘 두는 사람을 불러와 고려식 바둑이 원나라에 널리 알려졌습니다.

고려에서 조공으로 보내진 인삼, 약재, 청자, 비단, 종이, 담비 가죽, 사냥매 등은 원나라 사람이 귀하게 여기고 좋아했습니다. 그리고 공녀로 원나라에 간 고려 여자는 고려 사람이 입는 배자와 같은 옷차림과 상추쌈처럼 채소를 먹는 풍습을 알렸습니다.

1. 원나라에 유행한 고려 문화는 어떤 것인가요?

  요즘 사람은

다른 나라에서도 함께 즐기는 우리 문화

▶ 요즘에는 문화가 훌륭한 수출 상품이 되었습니다. 세계 사람이 함께 즐기는 우리 문화상품에 대하여 알아봅시다.

"예은아, 어서 와."

지은이는 아주 기분이 좋습니다. 고모부를 따라 프랑스에 간 예은이를 2년 만에 만났기 때문입니다. 예은이도 반갑기는 마찬가지였습니다. 인사를 마치자 예은이는 가방을 열어 프랑스에서 가져온 선물을 꺼냈습니다.

"이거 받아. 지금 프랑스 아이들이 재미있게 보는 만화 주인공, 뿌까 인형이야."

지은이는 예은이가 주는 선물보다 프랑스 친구가 뿌까 만화를 좋아한다는 말에 깜짝 놀랐습니다. 쿵푸를 잘하는 뿌까가 우리나라에서 만든 캐릭터였다는 것을 얼마 전에 알았는데, 프랑스에서도 유명하다는 말에 왠지 어깨가 으쓱해졌습니다. 우리나라 가수나 배우 같은 연예인만 외국에서 유명할 줄 알았는데, 만화주인공 같은 캐릭터들도 인기가 좋기 때문입니다.

예은이와 지은이는 뿌까처럼 외국에 알려진 우리문화 상품들은 어떤 것이 있나 궁금하여 인터넷을 찾아보았습니다. 프랑스에서 큰 인기를 끈 만화영화인 '뽀롱뽀롱 뽀로로'는 영국, 이탈리아 등 100여 개가 넘는 나라에 수출되었습니다. 얼마 전에 보았던 '난타'가 아시아뿐만 아니라 미국과 유럽에서도 공연되었다는 것도 알게 되었습니다. 그리고 지은이가 좋아하는 '강아지똥'을 비롯한 많은 우리 그림책을 외국 친구가 읽고 있었습니다.

지은이와 예은이는 지구촌이라는 말이 실감이 났습니다. 우리가 랩 같은 음악을 자주 들으며 외국에서 들어온 문화를 즐기듯 세계 곳곳에서 우리 문화를 즐기는 사람이 많기 때문입니다.

 생각하기

1. 세계 여러 나라 친구들이 뿌까 같은 캐릭터들을 좋아하는 까닭은 무엇일까요?

50

고려에 끝까지 충성한

정몽주

(1337년~1392년, 고려 시대 문신)

🔊 역사 연대기

1365년 고려 공민왕이 죽고 우왕이 왕위에 오름
1388년 요동정벌을 간 이성계가 위화도에서 군사를 되돌림
　　　　창왕이 왕위에 오름
1389년 공양왕이 왕위에 오름
1392년 이성계가 조선을 세움

🔊 학습목표

1. 고려말기 사회모습을 알 수 있다.
2. 선죽교 이름이 생겨난 까닭을 알 수 있다.
3. 시조가 발달하게 된 까닭을 알 수 있다.

인물 이야기

임 향한 일편단심

정몽주는 경상도 영천에서 태어났으며, 스물네 살에 문과에 장원급제해 벼슬에 나갔습니다. 이 때 고려는 중국 원나라 간섭을 오랫동안 받고 있었고, 원나라에 빌붙어 권력을 누리는 관리는 백성을 돌보지 않고 자기 이익만을 챙겼습니다. 게다가 바닷가 마을에는 왜구가 쳐들어와 곡식을 빼앗고, 집을 불태우는 등 백성을 괴롭혔습니다.

정몽주는 일본에 사신으로 가서 왜구에게 잡혀간 고려 백성 수백 명을 데리고 돌아왔습니다. 왜구를 직접 물리치기도 했습니다.

또 중국에서 원나라가 약해지고 명나라가 세워지자, 명나라 태조를 직접 만나 국교를 맺었습니다. 이렇게 정몽주는 훌륭한 외교관이 되어 위태로운 고려를 지켜냈습니다.

정몽주는 나라를 바로 잡기 위해 이성계와 함께 노력했습니다. 그러자 이성계는 정몽주에게,

"나와 함께 병든 고려를 쓰러뜨리고 새로운 나라를 세웁시다."

라고 말했습니다. 그러나 정몽주는,

"고려가 힘이 기울기는 했으나, 나라를 무너뜨리는 것은 있을 수 없는 일이오. 고려를 새롭게 바꾸어 더 강한 나라로 만들어야 합니다."

라며 반대했습니다. 정몽주와 이성계는 병든 고려를 새롭게 바꾸어야 한다는 생각은 같았으나, 바꾸려는 방법이 달랐습니다.

정몽주는 같이 공부한 정도전마저 이성계 편이 되어 고려를 무너뜨리려 하자, 매우 실망했습니다.

이성계가 사냥을 하다가 말에서 떨어져 큰 상처를 입고 관청에 나오지 못하자, 정몽주는 이성계를 따르는 무리를 내쫓으려 했습니다. 그러나 마음대로 되지 않았습니다. 정몽주는 상황을 살필 겸해서 이성계에게 병문안을 갔습니다. 이성계는 새 나라를 세우자며 정몽주를 끝까지 설득했지만, 끝내 거절했습니다.

선죽교-황해 개성

이성계 아들인 이방원도 정몽주를 설득하기 위해 '하여가'라는 시조 한 수를 읊었습니다. 정몽주는 다 듣고 나서 좋은 시라고 칭찬한 다음,

"자네 시만 듣고 이대로 있을 수야 없지, 답하는 것이 내 인사이니 내 시도 들어보게나."

라며 고려에 대한 충성을 거듭 강조한 시조인 '단심가'를 지어 불렀습니다.

단심가를 들은 이방원이 자기를 죽일 것임을 눈치 챈 정몽주는 술을 많이 마신 채로 말에 뒤돌아 앉아 탔습니다. 부모에게 물려받은 몸을 맑은 정신으로 해치게 할 수 없어서 술에 취했고, 자기를 죽이는 사람을 보지 않으려 했기 때문입니다.

정몽주가 선죽교를 지나가자, 숨어있던 조영규가 철퇴를 휘둘렀습니다. 선죽교는 원래 이름이 '선지교'였으나, 정몽주가 죽을 때 흘린 핏자국에서 대나무가 자랐다는 전설에 따라 이름이 선죽교로 바뀐 것입니다.

이방원은 뜻이 달라 비록 정몽주를 죽이기는 했으나, 고려에 대한 충성심을 높이 우러러 보았습니다. 그래서 나중에 임금이 된 이방원은 정몽주를 영의정으로 받들어 올렸습니다.

탐구하기 1. 선지교를 선죽교라고 부르게 된 까닭은 무엇인가요?

그때 사람은
시조로 자기 생각을 표현했다

아버지 이성계를 도와 새 나라를 세우려한 이방원은 정몽주가 어떤 생각을 하는지 정확히 알고 싶었습니다. 또 정몽주를 자기편으로 만들고 싶었습니다. 그래서 시조를 한 수 지어 불렀습니다.

> 이런들 어떠하며 저런들 어떠하리
> 만수산 드렁칡이 얽혀진들 어떠하리
> 우리도 이같이 얽혀져 백년까지 누리고저.

이 시조를 '하여가'라고 합니다. 이미 망해가는 고려를 그만 포기하고, 뜻이 같은 사람끼리 칡 덩굴처럼 얽혀서 새 나라를 세워보자는 뜻이 담겨 있습니다. 그러나 정몽주는,

> 이몸이 죽고죽어 일백번 고쳐죽어
> 백골이 진토되어 넋이라도 있고 없고
> 임향한 일편단심이야 가실줄이 있으랴.

낱말알기
문묘 : 유교를 만든 공자를 모시는 사당으로 조선시대 성균관과 지방 향교에 세워졌으며 종묘(宗廟)와 사직(社稷) 아래에 있었다.

라는 '단심가'로 대답했습니다. '일편단심'은 '한 조각 붉은 마음'을 뜻하는데 바로 고려를 향한 변하지 않는 충성을 말하는 것입니다.

이방원은 자객을 보내 정몽주를 죽이기는 했으나, 조선 세 번째 임금이 된 뒤에 두 임금을 섬기지 않은 충성스런 신하라 해서 영의정으로 높여 받들었습니다. 그리고 조선 열한 번째 임금인 중종은 정몽주에게 문충(文忠)이라는 시호를 내리고는 문묘에 모시고 제사를 지냈습니다.

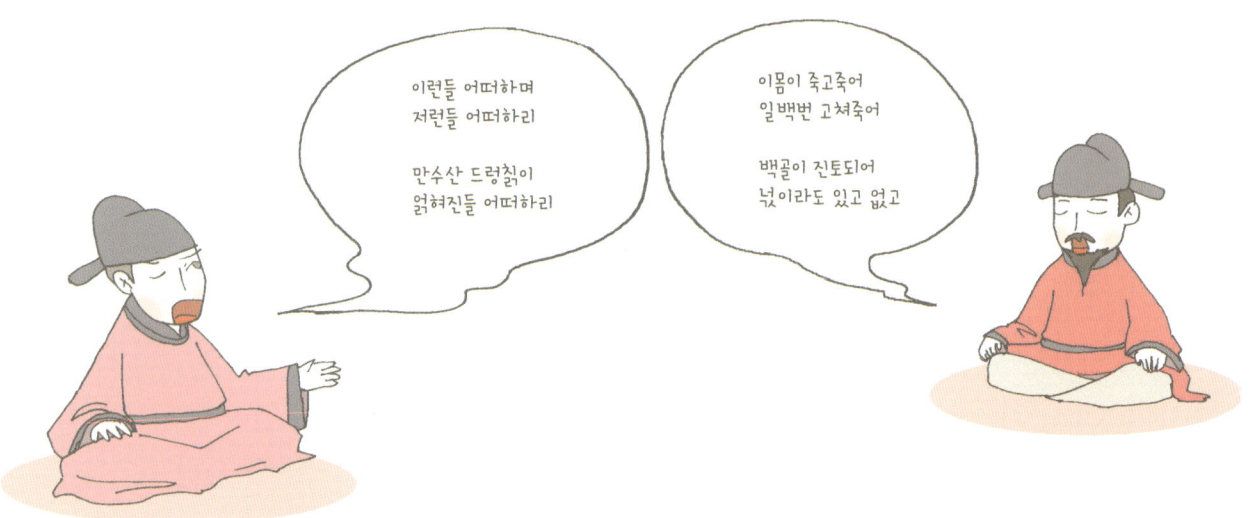

살아있는 인물 열어가는 역사

시조(時調)는 고려 중기에 처음 생겨난 시입니다. 조선 시대에 널리 퍼졌습니다. 처음에는 양반이 주로 지었고, 나중에는 양반뿐만 아니라 중인에서 서민층에까지 널리 퍼졌습니다.

시조에 담긴 내용은 시대에 따라 특징이 있습니다. 시조가 발생한 고려 중기부터 조선 초기에는 유교와 아름다운 자연을 노래하는 내용이 많았으며, 멸망한 고려 왕조를 슬퍼하는 내용도 있었습니다.

> 오백 년 도읍지를 말을 타고 돌아보니
> 산천은 그대론데 사람은 간 데 없다
> 어즈버 태평세월이 꿈이런가 하노라.

이 시조는 길재가 지은 것으로 망해버린 고려를 안타까워하는 마음이 담겨 있습니다. 길재는 조선이 세워지고 난 뒤, 1400년(정종 2년)에 이방원이 높은 관직에 앉히려고 했으나, 두 임금을 섬기지 않겠다며 거절했습니다.

고려를 멸망시키고 조선을 세우는 데 많은 공을 세운 '이직'은 자신이 한 일이 옳은 것임을 나타내기 위해 시조를 짓기도 했습니다.

> 까마귀 검다하고 백로야 웃지 마라.
> 겉이 검은들 속조차 검을 소냐.
> 겉 희고 속 검은 이는 너뿐인가 하노라.

고려를 배신했다며 손가락질을 받게 되자, 스스로 잘못이 없음을 주장하는 시조를 지었습니다. 여기서 '까마귀'는 조선으로 마음이 돌아선 고려 신하를 말하고, '백로'는 조선을 끝까지 반대하며 벼슬을 거부한 고려 신하를 말합니다.

이처럼 우리 조상은 직접 자기 생각을 말하지 않고 시조로 표현하기도 했습니다.

1. 망해 가는 고려를 버리고 새 나라를 세우자고 설득하는 이방원에게 정몽주가 들려준 시조는 무엇인가요?

글로 생각을 표현하기는 너무 어려워요.

▶ 시나 시조를 지어 자기 생각을 나타낸 지혜로운 조상을 생각하며 글쓰기를 어려워하는 우리와 비교해보세요.

"수진아, 같이 가. 참, 너는 동시 제목을 뭐로 정할 거야?"
"아직 못 정했어. 왜 선생님은 이런 숙제를 내주시는지 모르겠어. 난 글쓰기가 너무 힘들어."
지영이도 볼멘소리로,
"난 가을에 대한 생각이 별로 없어. 그럼 안 써도 되나? 나 같이 별 생각이 없는 사람은 뭘 쓰라고 그러는 거야!"
"그럼, '가을, 아무 생각 없음'이라고 쓰면 되잖아."
라고 대답했더니 지영이는,
"야! 그러다 선생님한테 혼나."
하며 화를 냈다. 그 말을 듣고 나도,
"하긴, 나도 아무 생각 없다고 쓸 용기는 없어. 친구들에게도 웃음거리가 되겠지. 그치?"
라고 대답했다.

집으로 돌아와 곰곰이 생각해 보았다. 자기 생각을 글로 쓰는 것도 어렵지만, 말로 표현하는 것도 어려운 것 같다. 그래서 학교에서는 말하기와 쓰기를 가르치는 것 같다. 옛날 사람은 자기 생각을 깊은 뜻이 담긴 말이나 글로 표현했다는데, 우리 조상은 어디서 그런 지혜가 솟아난 것일까?

오늘도 글쓰기 숙제 때문에 너무 괴롭다. 빨리 하지 않으면 우리 엄마는,
"그렇게 책을 안 읽는데 글이 써지냐? 그러니까 평소에 책 좀 많이 읽으라고 했지? 독서를 많이 해야 좋은 글을 쓸 수 있다고 몇 번을 말했니?"
라며 잔소리를 할 게 분명하다. 엄마 잔소리는 정말 상상만으로도 온 몸이 움츠려든다.

진짜 책을 많이 읽으면 글쓰기를 잘할 수 있을까? 그러는 우리 엄마는 학교 다닐 때 독서도 많이 하고 글쓰기도 과연 잘했을까? 진짜 궁금하다. 항상 잘했다고 큰소리 뻥뻥 치는데 사실일까?

1. 글쓰기를 잘하려면 어떻게 하면 좋을까요?

51

화포로 왜구를 물리친

최무선

(1325년~1395년, 고려 시대 과학기술자)

🔊 역사 연대기

1363년 문익점이 원나라에서 목화씨를 가져옴
1377년 최무선이 화통도감을 설치함
1380년 최무선이 진포에서 왜구를 격파함
1389년 박위가 쓰시마를 공격해 왜구를 섬멸함

🔊 학습목표

1. 최무선에 대해 알 수 있다.
2. 왜구에 대해 알 수 있다.
3. 중국 어선 때문에 입는 피해에 대해 알 수 있다.

인물 이야기

화포로 왜선을 물리쳐라!

최무선 아버지는 광흥창사였습니다. 광흥창사는 세금으로 거둬들인 쌀을 보관했다가 벼슬아치에게 봉급으로 나누어 주는 사람입니다.

그때 우리나라는 왜구가 바닷가를 따라가며 노략질을 일삼았습니다. 전라도와 경상도 바닷가 지방에서 쌀이 많이 나는 것을 알고 빼앗아 가려는 것입니다. 거둬들인 쌀을 수도인 개경으로 운반하는 배인 조운선도 자주 왜구에게 공격을 받았습니다. 어떤 사람은,

"큰일이야. 왜구가 조운선을 공격하는 바람에 조정으로 보내야 할 세곡을 모두 빼앗겨 버렸어. 에휴!"

한숨짓기도 하고,

"그래도 사람이 안 다친 것만으로도 얼마나 다행이에요. 옆 마을에서는 왜구가 날뛰고 다니면서 사람까지 죽였대요. 앞으로 어떻게 살아야 할지 걱정이에요. 농사짓기가 무섭게 왜구가 쳐들어와 노략질을 해대니 살 수가 있어야죠."

푸념도 했습니다. 견디다 못한 사람은 고향을 등지고 떠나기도 했습니다. 마을이 텅텅 비는 곳이 생길 정도로 피해가 컸습니다.

최무선은 어려서부터 아버지가 왜구 때문에 고생하는 것을 보고 강한 무기로 왜구를 물리치고 싶었습니다.

"불꽃이 나오는 무기를 만들어 왜구가 타고 온 배를 모두 불태워 버릴테야. 다시는 우리나라에 와서 노략질을 하지 못하게 할 거야."

어른이 된 최무선은 화약을 만들기 위해 무척 애를 썼지만, 쉽게 만들 수가 없었습니다. 원나라에서는 화약을 만들어 사용하고 있었지만, 우리나라에서는 불꽃놀이를 하려고 들여오는 것 밖에 없었기 때문에 무기로 만들 수는 없었습니다.

그러다가 원나라 염초기술자인 이원을 만나게 되었습니다. 최무선이 애쓰는 모습을 보고 흙으로 화약을 구워내는 방법을 알려 주었습니다. 이원은 최무선과 화약 실험을 하다 죽고 말았습니다. 그러나 최무선은 포기하지 않고, 실험을 계속해 화약 만들기에 성공했습니다.

화포-전쟁기념관

최무선은 우왕에게,

"지금 우리나라는 왜구가 자주 침범해 약탈을 일삼아, 백성이 재산과 목숨을 잃고 있습니다. 왜구를 무찌를 수 있는 방법은 오직 화약과 화포로 배를 부숴버리는 수밖에 없습니다."

라고 상소를 올렸습니다. 그래서 화약과 화약무기를 만드는 관청인 '화통도감'이 세워졌습니다. 최무선은 '화통도감'에서 화약과 대포 같은 무기와 화포를 싣고 싸울 수 있는 배도 만들었습니다.

전라도 진표로 왜구가 쳐들어오자, 최무선은 화포로 배 5백여 척을 쳐부수었습니다. 이를 '진포대첩'이라고 합니다. 그리고 왜구가 살고 있는 쓰시마로 쳐들어가 무찔렀습니다. 그 덕분에 왜구는 더 이상 고려로 쳐들어오지 못했습니다.

1. 최무선이 화약을 만든 까닭은 무엇인가요?

왜구가 쳐들어와서 못살겠어요

왜구가 우리나라에 쳐들어오기 시작했던 것은 삼국 시대부터입니다.

고려 시대가 되면서 왜구는 점점 더 수가 많아지고 힘도 커져서 피해가 아주 컸습니다. 충정왕이 나라를 다스릴 때는 열한 번, 공민왕 때는 115번, 우왕 때에는 378번이나 쳐들어왔다고 합니다.

왜구는 바다에 지나다니는 배에서 물건을 빼앗는 해적이었지만, 우리나라로 쳐들어 올 때는 군대 같았습니다. 전쟁을 일으키는 것처럼 많은 왜구가 쳐들어왔습니다.

바닷가 마을로 쳐들어와 물건을 빼앗기도 하고, 사람을 죽이기도 했습니다. 또 육지 깊숙한 곳까지 쳐들어오기도 했습니다. 나중에는 수도인 개경까지 쳐들어와 수도를 지키는 군대가 출동하기도 했습니다. 이에 놀란 우왕은 수도를 옮겨야겠다고 생각할 정도였습니다.

그 때 일본은 남북으로 갈라져 전쟁을 하고 있었습니다. 먹고 살기가 어려운 백성이 무사를 중심으로 뭉쳐 큰 무리가 되었습니다. 이렇게 만들어진 왜구는 장군과 군사로 이루어진 군대 같았습니다. 자기 나라에서는 전쟁을 하기 때문에 마음놓고 살 곳이 없어서 우리나라로 쳐들어왔습니다.

그때는 원나라가 고려를 지배하고 있었습니다. 원나라는 고려 사람을 앞장세워 일본을 치려고 했습니다. 배를 만드는 일과 바다에서 싸우는 일은 고려 사람 몫이었습니다. 하지만 두 번이나 태풍을 만나 배가 모두 부서졌고, 수군도 거의 다 죽고 말았습니다. 배 만드는 기술자도 대부분 죽

살아있는 인물 열어가는 역사

고 말았습니다. 그래서 왜구를 막을 수 있는 수군도 없고 배도 없어지고 말았습니다.

고려는 국제 해상무역을 하던 해상강국이었습니다. 예성강 벽란도로 무역선이 많이 드나들었으며, 'Corea(고려)'라는 이름이 다른 나라에도 널리 알려질 정도였습니다. 그러나 원나라는 고려가 힘이 강해지면 원나라에 맞서려고 할까 봐, 수군을 만들지 못하게 했습니다.

안팎으로 나라가 혼란스럽고, 수군마저 없어서 막을 수가 없게 되자, 왜구는 쌀과 가축, 각종 문화재 등을 빼앗아 갔습니다. 많은 백성이 죽고 노예로 끌려갔습니다. 바닷가 마을에서는 농사를 짓지 못하게 되었으며, 백성은 다른 곳으로 옮겨가야 했습니다. 왜구가 자주 쳐들어오는 곳은 마을이 아예 없어져 버린 곳도 있었습니다.

바다를 끼고 있으면서 쌀농사를 많이 짓는 전라도와 일본과 가까운 경상도에 왜구 피해가 가장 컸습니다. 그러자 세금이 걷히지 않았고, 걷힌다 하더라도 뱃길이 막혀 개경으로 실어 올 수도 없었습니다. 나라 살림도 어려워졌습니다.

1. 왜구가 고려에 쳐들어 온 까닭은 무엇인가요?

2. 고려가 왜구를 막아내지 못한 까닭은 무엇인가요?

요즘 사람은

중국 사람이 우리나라 바다에서 물고기를 잡아요

▶ 고려 말에 왜구가 쳐들어와 우리나라에서 나는 쌀을 약탈해 간 것처럼 오늘날에는 중국 어선이 우리나라 바다에서 물고기를 잡아갑니다. 우리나라에 와서 물고기를 잡아가는 중국 어선에 대해서 생각해 봅시다.

우리나라는 3면이 바다로 되어 있습니다. 그래서 바다에서 많은 물고기를 잡을 수 있습니다. 그런데 바다가 일본과 맞닿아 있고, 중국과도 맞닿아 있어서 우리나라 배가 물고기를 잡다가 일본이나 중국 배와 만나서 서로 싸움이 일어나기도 합니다. 바다에는 정확한 길 표시가 없기 때문에 서로 구역을 정해 놓고, 다른 나라 구역을 넘어가지 못하도록 합니다.

그러나 중국 어선이 우리나라 서해에 들어와서 불법으로 고기를 잡습니다. 중국 어선은 우리나라 어선이 물고기 잡는 것을 방해하고, 그물을 빼앗아 가기도 합니다. 때로는 우리나라 바다에 들어오지 못하도록 막는 경찰을 다치게도 하고, 목숨을 빼앗기도 합니다.

중국 어선이 우리나라 바다로 자주 들어오는 것은 중국 바다가 오염되고, 어린물고기까지 다 잡아버려 물고기가 없기 때문입니다. 그러나 우리나라 바다는 물고기가 오고 가는 길목인데다가 홍어와 갈치처럼 맛있는 물고기가 많이 잡힙니다. 중국 어선이 우리바다에 들어와 불법으로 잡아가는 물고기는 일 년에 1천억 원이 넘는다고 합니다.

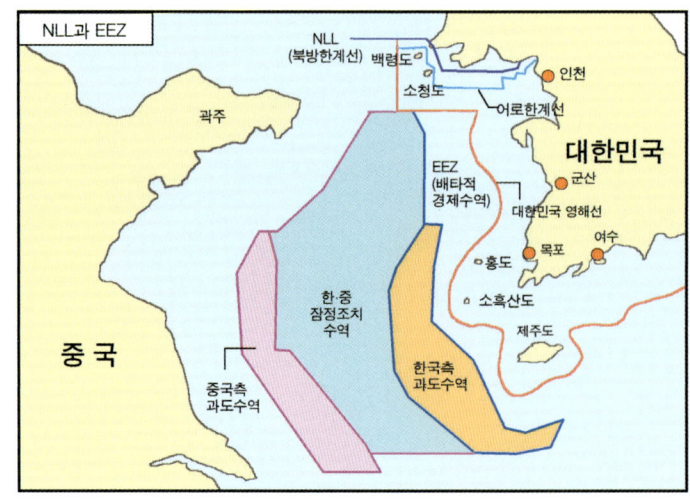

생각하기

1. 중국 어선은 왜 우리나라 어장을 침범해 물고기를 잡을까요?

52

백성에게 따뜻한 옷을 입게 해준

문익점

(1329년~1398년, 고려 시대 문신)

🔊 역사 연대기

1363년 문익점이 원나라에서 목화씨를 가져옴
1377년 화통도감을 설치함
1392년 공양왕이 이성계에게 임금 자리를 넘겨줌

🔊 학습목표

1. 문익점에 대해 알 수 있다.
2. 문익점이 가져온 목화에 대해 알 수 있다.
3. 우리나라 사람이 입었던 옷에 대해 알 수 있다.
4. 여러 가지 특별한 재료로 만든 옷에 대해 알 수 있다.

목화를 들여온 문익점

  문익점은 고려 시대에 선비 가문에서 태어났습니다. 과거에 합격해 관리가 된 뒤에 사신으로 원나라에 가게 되었습니다.

  원나라 남쪽 지방에서 1년 정도 지낼 때였습니다. 문익점은 우연히 목화밭에 핀 하얀 목화 꽃을 보았습니다. 원나라에서는 목화를 많이 키우고 있었습니다. 목화는 꽃봉오리가 솜이 되는데, 이 솜에서 실을 뽑아 면이라는 옷감을 짜는 풀이었습니다. 우리나라에도 면이 있긴 했지만, 원나라에서 사 오는 것이었습니다. 목화를 키우지 않았기 때문입니다. 원나라에서 사오니까 값이 비쌌습니다.

  문익점은 중국사람이 면으로 옷을 해 입고, 목화솜을 옷에 넣어 따뜻하게 입는 것을 보았습니다. 고려에서는 삼베나 짐승 가죽, 누에로 만든 명주옷이 있었지만, 짐승 가죽은 구하기 어려웠고, 명주는 너무 비싸서 백성은 입기 어려웠습니다.

  '우리 백성이 삼베 같은 얇은 천으로 된 옷을 입고 추위에 떨고 있지만, 목화를 우리나라에서 키울 수만 있다면 겨울에도 따뜻하게 살 수 있을 텐데.'

  문익점은 고려 백성에게 면 옷을 입게 하고 싶어서 목화씨 열 개를 가지고 고려로 돌아왔습니다. 고향으로 내려가 장인인 정천익에게 목화씨를 보여주었습니다.

  "이것이 목화씨입니다. 이것을 길러 옷감을 만들면 우리 백성이 따뜻한 옷을 입을 수 있을 것입니다."

봄이 되어 문익점과 정천익은 목화씨를 다섯 개씩 나누어 밭에 뿌렸습니다. 하지만 문익점이 뿌린 씨는 하나도 싹이 나지 않았습니다. 중국과 날씨가 달랐기 때문입니다.

문익점은 안타까운 마음으로 정천익 밭으로 갔습니다. 정천익은,

"여기도 네 개는 다 죽었네. 다행히 한 개가 싹이 났어."

라고 했습니다.

문익점과 정천익은 남은 싹 한 개를 정성껏 키웠고, 다행히 잘 자랐습니다. 그러면서 목화를 키우는 방법도 잘 알게 되었습니다. 목화씨를 심은 지 3년째가 되자, 씨앗을 많이 거두어들이게 되어, 마을 사람에게 나누어 줄 수 있었습니다.

하지만 이 목화솜에서 어떻게 실을 빼내고 옷감을 만드는지 알 수가 없었습니다. 그러던 어느 날 한 스님 한사람이 문익점을 찾아왔습니다.

"저는 원나라에서 온 홍원이라고 합니다. 우리나라에서 보던 목화밭을 보니 반가워서 찾아왔습니다."

홍원 스님은 목화에서 씨를 빼내는 '씨아'와 실을 뽑는 '물레' 만드는 방법을 알려 주었습니다. 드디어 목화에서 뽑은 실로 베를 짤 수 있게 되었습니다.

문익점과 정천익은 이것을 마을사람에게 가르쳐주었고, 많은 사람이 목화를 기르고 베를 짜기 시작했습니다. 문익점이 죽은 뒤에는 손자가 이 지방을 다스리면서 많은 백성에게 목화를 키우게 하고 옷감을 만드는 법을 가르쳤습니다. 목화는 점점 전국으로 퍼져나가 많은 백성이 편하게 입었습니다.

1. 문익점이 목화씨를 우리나라에 가지고 온 까닭은 무엇인가요?

우리나라 사람은 무엇으로 옷을 만들었을까요?

사냥을 하거나 채집을 하고 살았을 때는 짐승 털이나 가죽, 또는 풀을 엮어 옷을 만들었습니다. 그 뒤 농사를 짓게 되면서 풀로 실을 만들어 옷감을 만들기 시작했습니다. 옷감을 만들면서 꽃이나 나무뿌리, 풀잎 등에서 나오는 색깔을 우려내 옷에 물을 들이기도 했습니다.

우리나라에서 가장 오래된 옷감인 삼베는 삼이라는 풀로 만든 옷감입니다. 삼 줄기에서 벗겨낸 속껍질을 가늘게 쪼개서 이으면 실이 되는데, 이것을 가로 세로로 얽어서 짠 것이 삼베입니다.

모시는 모시풀 껍질로 만든 옷감인데, 삼베보다 부드럽고 아름다웠습니다. 그러나 기르기가 아주 어려웠습니다. 모시와 삼베는 시원해서 여름에 많이 입었는데, 염색이 잘 되지 않아 하얗거나 누런 색 그대로 입었습니다.

누에고치에서 뽑은 실로 옷감을 짠 비단도 있었습니다. 중국에서 들어온 비단은 삼국시대 전부터 입었습니다. 보드랍고 따뜻해 겨울철에 입기 좋았습니다. 또 얇게도 두껍게도 짤 수 있었기 때문에 여름옷, 겨울옷으로 자유롭게 만들어 입을 수 있었습니다. 염색이 잘 되어 색도 고왔습니다. 그러나 구하기가 어려운 아주 귀한 옷감이었고, 중국에서 들여왔기 때문에 값이 비쌌습니다. 그래서 부자만 입을 수 있었고, 백성은 명절이나 혼례식 같은 날에만 입었습니다.

살아있는 인물 열어가는 역사

　백성은 삼베옷을 많이 입었습니다. 삼베옷은 바람이 잘 통해서 여름에는 시원하고 좋았으나, 겨울에는 추위를 막지 못하니 추위에 떨어야 했습니다.
　무명옷은 어느 계절에나 입기 편했습니다. 부드럽고, 튼튼하고, 따뜻했기 때문에 옷뿐만 아니라 이불을 만들기도 좋았습니다. 여름에는 한 겹으로, 겨울에는 솜을 사이에 넣어서 두 겹으로 옷을 만들어 입었습니다. 무명옷을 입게 되면서 백성은 추위를 더 쉽게 이겨낼 수 있게 되었습니다.
　처음에는 실을 만들기가 쉽지 않았습니다. 문익점 손자인 문래는 솜으로 실을 쉽게 만들기 위해 실 뽑는 기구를 연구했습니다. 이 기구 이름을 문래라고 불렀고, 나중에 '물레'가 되었습니다. 또 다른 손자인 문영이 목화를 열심히 퍼뜨렸는데, 이 옷감을 문영이라고 부르다가 '무명'이 되었습니다.
　백성은 가을에 딴 목화로 농사일이 없는 겨울에 옷감을 짰습니다. 무명을 팔아서 살림살이에도 큰 도움이 되었습니다. 돈으로 물건을 사고파는 것처럼 무명으로 물건을 사고 팔 수 있어서 아주 귀중한 것이 되었습니다. 또 무명옷을 입고 추위에 견디기 쉬워지자, 겨울에도 멀리 장삿길을 떠날 수도 있게 되었고, 일이나 활동을 하는 데도 편리해졌습니다.

 1. 목화를 재배하면서 백성은 생활이 어떻게 바뀌었나요?

요즘 사람은

여러 가지 특별한 재료로 옷을 만들어요

▶ 목화솜에서 무명옷을 만들어 입었듯이 예전에는 자연에서 얻을 수 있는 재료로 옷을 만들었습니다. 요즘에는 어떤 재료로 옷을 만드는지 생각해봅시다.

예전에는 추위를 막기 쉽고 구하기 쉬운 재료로 옷을 만들어 입었습니다. 또 풀이나 누에고치, 동물 가죽 같이 자연에서 직접 얻은 것을 재료로 썼습니다. 그러나 이제는 그런 재료뿐만 아니라 금속이나 석유에서 나온 물질을 섞어서 만들기도 합니다.

나일론은 석유에서 실을 뽑아서 만든 옷감입니다. 가볍고 질겨서 많이 입었습니다. 그러나 면 같은 옷보다 공기가 잘 통하지 않거나 땀을 잘 빨아들이지 못합니다. 요즘에는 건강과 환경에 좋다고 하여 옥수수나 콩 같은 식물에서 나온 재료나 숯으로 옷을 만들기도 합니다.

특수하게 만든 옷도 많습니다. 아폴로 우주선이 달에 갔을 때 입은 우주복에 쓰인 옷감은 등산옷, 등산 신발이나 스키복으로 많이 쓰입니다. 이 옷감은 땀은 잘 내보내지만, 물이 스며드는 것은 잘 막아냅니다. 또 총알이 뚫고 들어오지 못하도록 막을 수 있는 옷감인 방탄복, 불이 붙지 말라고 입는 옷인 방화복도 특수하게 만든 옷감입니다.

컴퓨터 칩을 넣어 만든 컴퓨터 옷도 만들어졌습니다. 어떤 옷은 소매에 있는 단추를 누르면 음악이 나오기도 하고, 옷에 휴대전화를 붙인 것도 있습니다. 머리카락보다 더 얇은 실로 만든 옷감도 있는데, 땀은 잘 내보내면서도 먼지나 세균은 들어오지 못하게 하므로 방어복 같은 것을 만들기도 합니다.

가볍고 물에 뜨는 옷감도 있습니다. 물에 잘 떠서 수영선수가 입는 수영복은 이런 옷감으로 만들어져 있습니다. 이렇게 요즘에는 필요한 용도에 따라 여러 재료로 특별한 옷을 만들기도 합니다.

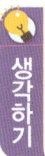

1. 내가 특별한 옷을 만든다면 어떤 옷감을 만들고 싶나요?

53

조선 건국 일등공신,

정도전

(1342년~1398년, 고려 시대와 조선 시대 정치가, 학자)

🔊 역사 연대기

1374년 공민왕이 죽음
1388년 이성계가 위화도에서 회군함
1392년 이성계가 조선을 세움

🔊 학습목표

1. 정도전이 한 일을 알 수 있다.
2. 정도전이 품었던 생각을 알 수 있다.
3. 한양이 만들어진 과정을 알 수 있다.
4. 경복궁 역사를 알 수 있다.

인물 이야기

조선을 세우는 데 큰 공을 세운 정도전

고려 말에 태어난 정도전은 과거시험에 급제해 관리가 되었습니다. 공민왕이 죽자 원나라에서 사신을 보내왔습니다. 나라에서 정도전에게 사신을 맞이하는 일을 맡으라고 했습니다. 원나라를 싫어한 정도전은,

"사신 목을 쳐버리겠다. 그렇지 않으면 묶어서 명나라로 보내버리겠다."

라며 사신 맞이 하는 일을 하지 않겠다고 했습니다. 그 일로 정도전은 나주로 귀양을 가게 되었습니다.

나주에서 정도전은 두 칸짜리 초라한 초가집에 살았습니다. 농민이 사는 모습도 직접 보게 되었습니다. 어렵게 살아가는 백성을 구하기 위해서는 무너져가는 고려를 버리고 새로운 나라를 세워야 한다고 생각했습니다.

3년 동안 귀양살이를 하고 고향으로 돌아가 유교를 공부하며 지냈습니다. 그리고 북한산 아래에 초가집을 짓고, '삼봉재'라는 이름을 붙인 다음, 제자를 길러냈습니다. 하지만 원나라와 친한 신하가 정도전을 싫어해서 9년 동안 이리저리 옮겨 다녀야 했습니다.

정도전은 왜구와 여진족을 물리쳐 영웅으로 떠오른 이성계를 만나기 위해 함경도로 직접 찾아갔습니다. 정도전이 생각한 새로운 나라를 세우기 위해서는 이성계가 거느린 군사력이 꼭 필요했기 때문입니다. 정도전은 무술 실력이 뛰어나고 사람을 잘 이끄는 이성계가 믿음직스러웠고, 이성계는 똑똑하면서도 큰 뜻을 품은 정도전이 좋았습니다.

그래서 이성계는 정도전을 성균관 대사성 벼슬에 오르게 해주었습니다. 정도전은 이성계가 위화도에서 군사를 되돌려 개경으로 돌아와 권력을 잡도록 도와주었습니다. 정도전은 새로운 나라를 세우는 데 필요한 돈을 마련하고, 백성에게 지지를 받을 수 있도록 조세제도와 토지제도를 바로잡으면서 차근차근 기초를 닦아 나갔습니다.

살아있는 인물 열어가는 역사

조선이 세워지자, 정도전은 훌륭한 재상을 뽑아 임금을 올바르게 받들고, 신하와 백성을 다스리게 하자고 주장했습니다. 그 말을 옳게 여긴 이성계는 나랏일을 모두 정도전에게 맡겼습니다.

정도전은 ≪조선경국전≫을 펴내, 법과 제도를 새로 만들었습니다. 고려를 무너뜨리고 조선을 세울 수밖에 없었던 까닭을 알리기 위해서 ≪고려사≫ 37권을 펴냈습니다. 고려 시대 종교인 불교를 누르고 유교를 받아

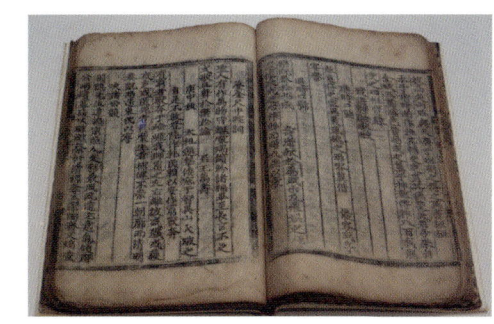

정도전이 지은 책-국립중앙 박물관

들였습니다. 또 새로운 군사제도를 만들어 직접 훈련을 시키기도 했습니다.

고려 귀족이 반란을 일으킬지 모른다는 생각에 개경에서 한양으로 수도를 옮기도록 했고, 성과 궁궐을 지으면서 성문이나 궁궐 건물 이름도 직접 지었습니다.

조선을 세우고 나라를 튼튼하게 만드는 일을 모두 정도전이 맡아서 했습니다. 임금이 된 이성계는,

"자네가 아니면 내가 어찌 오늘 이 자리에 있을 수 있었겠는가."

라며 칭찬을 아끼지 않았습니다.

정도전은 신하가 힘이 센 나라로 만들기 위해서는 다음 임금이 어려야 한다고 생각했습니다. 그래서 이성계 아들 가운데 가장 나이가 어린 의안대군 이방석을 왕세자로 내세웠습니다. 그러자 이방원이 반발해 난을 일으켰고, 정도전도 이방원에게 죽임을 당했습니다.

1. 정도전이 새로운 나라인 조선에서 꿈꾸었던 것은 무엇인가요?

계획도시 한양

　1392년에 조선을 세운 이성계와 신하에게 가장 중요한 일은 새 나라에 맞는 새 도읍을 만드는 것이었습니다. 고려 도읍지인 개경에는 고려에 미련을 갖고 있는 사람이 많았습니다. 그래서 한반도 가운데 자리를 잡고 있는 한양에 도읍을 정했습니다. 한양땅은 500년 동안 백제 수도였고, 고려 시대에도 남쪽에 있는 서울이라는 뜻으로 남경이라고 하며 중요하게 생각한 곳입니다. 더욱이 남쪽에 한강을 끼고 있어서 배가 자유롭게 다닐 수 있으니 교통이 매우 편리했습니다. 둘레에는 높은 산이 에워싸고 있어서 외적이 침입해 오더라도 막아내기 좋은 곳입니다.

　도읍지가 한양으로 정해졌지만, 궁궐을 어디에다 지을 것인가를 두고 왕사인 무학대사와 정도전이 맞섰습니다. 무학대사는 인왕산을 뒤로 하고 궁궐을 짓자고 했는데, 임금은 남쪽을 보고 있어야 한다며 정도전은 북악산을 뒤로 할 것을 주장했습니다. 결국 정도전 생각대로 궁궐을 지었습니다.

　한양성은 궁궐인 경복궁을 중심으로 서쪽에 땅과 곡식 신에게 제사 드리는 사직단, 동쪽에 돌아가신 왕 위패를 모셔 둔 종묘를 지었습니다. 경복궁 남쪽으로 육조거리를 만들고 양쪽에 관청을 세웠습니다. 육조거리 끝에는 동서쪽으로 '운종가'라는 큰 길을 만들고 시장과 가게가 자리 잡게 했습니다.

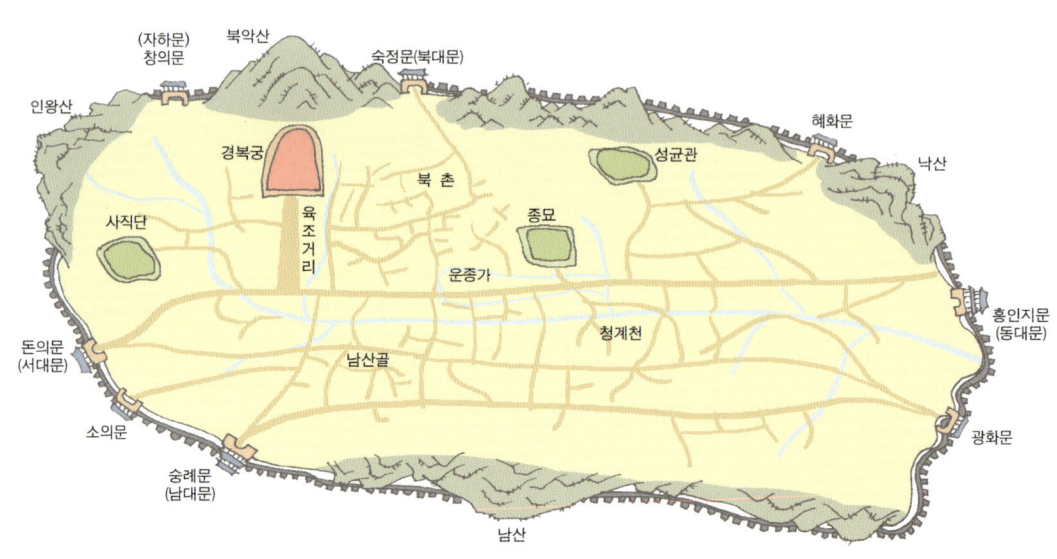

살아있는 인물 열어가는 역사

1395년 9월 29일, 새 궁궐이 완성되었습니다. 이성계는 4대 조상 위패를 개성에서 옮겨와 종묘에 모시고 새 궁궐을 살핀 다음, 신하에게 잔치를 베풀었습니다.

정도전에게 새 궁궐 이름과 각 건물 이름을 짓도록 했습니다. 정도전은 ≪시경≫에 있는 한 구절을 인용해 '이미 술에 취하고 큰 은덕으로 배부르니 군자께서는 만년토록 큰 복을 누리리라'라는 뜻으로 궁궐 이름을 경복궁으로 정했습니다. 부지런히 다스리라는 뜻으로 근정전, 생각을 해서 일을 하라는 뜻인 사정전, 임금 침실인 강녕전 등도 이때에 지은 것입니다.

세월이 흐르면서 경복궁 외에도 창덕궁, 창경궁, 경운궁(덕수궁), 경희궁을 차례로 지었습니다. 특히 창경궁, 창덕궁 옆에 힘 있는 관리가 많이 살게 되었는데, 이곳을 북촌이라 했습니다. 벼슬을 하지 못한 가난한 선비는 북촌으로 옮겨 살 날만을 꿈꾸며 남산 아래에 자리를 잡았습니다. 이곳을 남촌(남산골)이라 했습니다.

한양에는 큰 문 네 개(사대문)와 작은 문 네 개(사소문)가 있어 사람이 드나들 수 있었습니다. 사대문은 유교 가르침인 '인의예지' 가운데 한 글자씩을 붙여 그 이름을 지었습니다. 동대문은 흥인지문, 서대문은 돈의문, 남대문은 숭례문, 북대문은 '지'자와 같은 글자로 쓰는 '정'자를 써서 숙정문이라고 했습니다. 사소문은 혜화문, 광희문, 자하문과 소의문이라고 이름을 지었습니다.

경복궁 근정전-서울 종로

경복궁 향원정-서울 종로

1. 한양을 도읍지로 정한 까닭은 무엇인가요?

요즘 사람은

궁궐 나들이를 가요

▶ 옛날에는 궁궐에 함부로 드나들 수 없었습니다. 하지만 요즘엔 누구나 가서 구경할 수 있는 곳이 되었습니다. 휴일이면 많은 사람이 궁궐을 찾는 것에 대해 생각해 봅시다.

"엄마, 일요일에 궁궐에 가요."

얼마 전까지 궁궐이 따분하다던 진이가 갑자기 궁궐에 가자고 엄마를 졸라댔습니다.

"그래, 오랜만에 궁궐 구경 갈까? 그런데 어디로 가지?"

이번엔 진이와 승이가 한 번도 가보지 않은 경복궁에 가기로 했습니다.

경복궁은 태조 이성계가 조선을 세우고 지은 궁궐인데, 선조 임금 때 임진왜란이 터져 불타 없어지고 말았습니다. 많은 돈이 들고 시간도 많이 걸려서 새로 짓지 못했습니다. 오랫동안 빈 터로 남아 있다가 고종 임금 때 다시 지었습니다.

자경전 담장

그러나 일제강점기에 일본이 건물 대부분을 없애버려서 근정전을 비롯한 일부 건물만 남았고, 조선총독부 건물을 지어 궁궐 앞을 가려버렸습니다. 하지만 1990년부터 원래

교태전 담장

모습으로 되돌리는 복원사업이 추진되어 1995년에 총독부 건물을 없애고, 흥례문 둘레를 복원했으며, 왕과 왕비 침전, 동궁, 건청궁, 태원전이 모습을 되찾았습니다.

경복궁에는 사람이 많았습니다. 근정전을 지나 사정전, 강녕전, 교태전 뒷문을 나오니 장수를 나타내는 인당초 무늬가 담장에 새겨져 있고 자경전으로 나오니 소나무, 매화와 달, 국화와 나비, 대나무, 모란, 석류 무늬가 담장에 새겨져 있었습니다. 진이는 예쁘게 물든 단풍나무를 보며 환호성을 질렀습니다.

"엄마, 우리 내년 가을에도 또 와요. 단풍으로 곱게 물든 궁궐이 정말 멋져요."

1. 사람이 살지도 않을 궁궐을 왜 복원할까요?

54

조선을 세운

이성계

(1335년~1408년, 고려 시대 장군, 조선을 세운 임금)

🔊 역사 연대기

1362년 이성계가 홍건적을 물리침
1380년 이성계가 황산에서 왜구를 무찌름
1388년 이성계가 위화도회군을 함
1392년 이성계가 조선을 세움

🔊 학습목표

1. 이성계에 대해 알 수 있다.
2. 두문불출에 대해 알 수 알 수 있다.
3. 조랭이떡에 대해 알 수 있다.
4. 대통령을 돕는 사람을 알 수 있다.

고려를 무너뜨리고, 새로운 나라를 세운 이성계

이성계는 함경도 영흥에서 태어났습니다. 그때 원나라는 철령 이북 땅을 다스리기 위해 쌍성총관부를 영흥지역에 세웠는데, 아버지인 이자춘은 그곳에서 힘을 떨치는 호족이었습니다. 이성계를 데리고 고려로 온 이자춘은 공민왕에게 말했습니다.

"쌍성총관부는 원래 고려 땅입니다. 원나라가 힘이 약해졌으니, 지금이 공격하기에 가장 좋은 때입니다."

그 말을 들은 공민왕은 군대를 보냈습니다. 이때 이자춘은 고려군이 쌍성총관부를 되찾도록 도왔습니다. 그 공으로 동북면 병마사라는 벼슬을 받았습니다. 이성계 집안이 고려에서 권력을 잡기 시작했습니다.

홍건적이 개경으로 쳐들어오자, 이성계는 거느리고 있던 군사 2천여 명을 이끌고 홍건적을 물리쳤습니다. 공민왕은 이성계에게 아버지 벼슬인 동북면 병마사를 내려주었습니다.

그때 왜구가 쳐들어왔습니다. 육지로 올라와 충청·전라·경상도를 돌아다니며 물건을 빼앗고 사람을 죽였습니다.

그러자 최무선이 진포에서 왜구가 탄 배를 모두 불태우고 크게 이겼습니다. 왜구는 배가 모두 부서지자, 육지에 있는 왜구와 힘을 합쳐 고려를 더 세게 공격하려고 했습니다. 공민왕은 이성계를 삼도순찰사로 임명해 왜구를 몰아내라고 했습니다. 이성계가 이끄는 고려군은 황산싸움에서 열 배나 많은 왜구를 모두 무찔렀습니다.

중국에서는 원나라를 세운 몽골족이 쫓겨나고 다시 중국 본토인이 명나라를 세웠습니다. 명나라는 나라를 세우자마자 우리나라에 힘을 뻗치려고 했습니다. 그래서 쌍성총관부 지역을 빼앗으려고 했습니다.

고려 우왕은 명나라가 철령 부근에 군사기지를 만든다는 소문을 듣고, 이성계에게 요동정벌을 명령했습니다. 하지만 명나라와 좋은 사이가 되어야 한다고 생각한 이성계는 요동 정벌을 반대했습니다.

살아있는 인물 열어가는 역사

그러나 명령을 어길 수 없어서 우군도통사가 되어 10만 군사를 이끌고 요동으로 향했습니다. 압록강 한가운데에 있는 섬인 위화도에 도착하자, 비가 많이 내렸습니다. 장마철이 되었기 때문입니다. 압록강 물이 불어나 군대를 움직이기가 어려웠습니다. 그러자 이성계는 좌군도통사 조민수에게 말했습니다.

"장마철이라 요동까지 식량을 옮기기 어렵고, 습기 때문에 활시위가 풀려버리니 활을 쏠 수도 없소. 그리고 고려 같은 작은 나라가 큰 나라인 명나라와 사이좋게 지내는 것이 나라를 위해 더 올바른 길이 될 것이오."

조민수도 이성계 말에 찬성했습니다.

이성계는 최영과 우왕에게 사정을 설명하고 군대를 다시 개경으로 돌리겠다고 청했습니다. 그러나 최영과 우왕은 무조건 요동으로 쳐들어가라고 했습니다. 이성계는 나라를 위해서는 군대를 돌리는 것이 더 좋다라고 여겼습니다.

군대를 이끌고 개경으로 돌아온 이성계는 자기와 뜻을 같이 하는 사람과 함께 최영과 우왕을 몰아내고, 창왕을 임금으로 세웠습니다. 얼마 뒤에는 창왕이 능력이 없다고 여겨 공양왕을 임금 자리에 앉혔습니다. 그러나 공양왕은 이성계에게 왕위를 물려주었습니다.

왕위에 오른 이성계는 나라 이름을 단군이 세운 조선을 이어받는다는 뜻으로 '조선'이라 정하고, 새나라를 세웠습니다. 완전히 새로운 나라를 만들기 위해 수도를 한강 가에 있는 '한양'으로 옮겼습니다. 그리고 고려에서 많은 문제를 일으켰던 불교를 억압하고, 임금에게 충성하고 부모에게 효도하기를 가르치는 성리학인 유교를 받들도록 했습니다. 상업 보다는 농사를 중요하게 여기는 정책을 폈으며, 중국 명나라와 사이좋게 지내는 정책으로 평화로운 나라를 만들어 갔습니다.

1. 이성계가 위화도에서 개경으로 군사를 돌린 까닭은 무엇인가요?

2. 이성계가 조선에서 펼친 정책은 무엇인가요?

두문불출(杜門不出) 이야기

　왕위에 올라 새 나라 조선을 세운 이성계는 고려 때 신하 가운데 훌륭한 인재는 받아들이려고 했습니다. 하지만 이성계에게 나라를 빼앗겼다고 생각한 고려 신하는 고향으로 돌아가버렸습니다. 많은 신하가 두문동 산골짜기에 들어가 풀뿌리를 캐 먹으며 살았습니다.

　태조 이성계가 사람을 보내 조선을 좋은 나라로 만들 수 있도록 도와 달라고 설득했지만,

　"우리는 고려 신하이니 조선에 충성할 수 없소이다."

라며 나오지 않았습니다.

　이성계는 제아무리 충신이라 해도 타오르는 불길을 견디기는 어려울 것이라고 생각해 두문동 골짜기에 불을 질렀습니다. 그러나 아무리 불이 번져가도 아무도 나오지 않았습니다. 골짜기에 풀이 불타고, 나무가 불타고, 살던 집이 불타도 꿈쩍도 하지 않고 모두 타죽고 말았습니다.

　하지만 두문동에 살던 사람이,

　"우리는 고려에 충성하는 마음으로 죽지만, 자네는 세상으로 나가서 백성을 올바르게 다스리는 나라를 만들어 주게나."

라며 떠밀어 내보낸 사람이 딱 한 명 있었습니다. 바로 세종대왕 때에 훌륭한 재상인 황희입니다.

　이렇게 고려에 대한 충성을 끝까지 지킨 사람 이야기는 지금까지도 전해 내려오며 감동을 줍니다. 또 이 이야기에서 생겨난 말이 '두문불출'인데, '문을 닫아걸고 밖에 나다니지 않는다.'라는 뜻으로 쓰입니다.

살아있는 인물 열어가는 역사

　이성계는 두문동에서 불에 타 죽어간 고려 충신뿐만 아니라 많은 백성이 고려를 그리워한다고 생각했습니다. 그래서 고려를 다시 세우지 못하게 하려고 왕족을 비롯해 고려왕조에서 벼슬을 지낸 친족까지 남자는 모조리 없애려 했습니다. 이를 피해 왕(王)씨 남자는 왕 자 위에 덮개를 씌워 전(全)씨로 바꾸거나 점을 하나 찍어 옥(玉)씨 또는 주(主)씨로 바꾸어서 왕씨인 것을 숨겼습니다. 벼슬을 하지 않고 시골에서 농사를 짓거나 장사를 하면서 살았습니다.

　개경 사람도 이성계를 좋아하지 않았습니다. 고려왕조를 무너뜨렸고, 도읍마저 한양으로 옮겨 버렸기 때문입니다.

　여자도 이성계를 미워했습니다.

　어느 부인이 떡을 썰다가 이성계 생각에 화가 나서 떡 한가운데를 꽉 움켜쥐었습니다. 그 떡이 이성계 목을 조른 모양과 같아서 개경사람은 가래떡을 뽑아 만들지 않고 8자 모양으로 된 떡으로 떡국을 끓였습니다. 이것을 '목을 조인다'는 뜻으로 조랭이떡이라고 부릅니다. 조랭이떡을 만들면서 미운 이성계 목이 떨어져 나가기를 빌었던 것입니다.

1. 두문불출이란 말이 생긴 까닭은 무엇인가요?

2. 개성사람이 이성계를 미워한 까닭은 무엇인가요?

요즘 사람은

생각이 같은 사람과 일해요

▶ 이성계가 조선을 세우면서 자기와 뜻을 함께 하는 사람을 관리로 임명했습니다. 요즘에 대통령과 함께 일을 하는 사람에 대해서 생각해 봅시다.

　새로운 대통령에 당선되면 대통령은 함께 일할 사람을 뽑습니다. 대통령 선거 기간 동안 국민과 많이 만나면서 느꼈던 것을 그대로 실천하기 위해 대통령과 생각이 같은 사람을 뽑습니다.

　이전 대통령과 함께 일을 했던 사람이라도, 능력이 뛰어난 경우 다시 그 자리에 임명하기도 합니다.

　때로는 대통령과 친한 사람을 임명하거나, 능력이 없는 사람을 뽑기도 해서 문제가 되기도 합니다. 그럴 경우 국회의원이 청문회를 통해 그 자리에서 일하기에 알맞은 사람인지 따져 봅니다. 만약 적당하지 않으면 다른 사람으로 바꿔 달라고 대통령에게 요구합니다.

　대통령은 한 나라를 책임져야 하는 중요한 자리입니다. 그리고 장관이나, 대법원장, 검찰청장 등을 임명하는 중요한 일도 합니다. 임기 동안 나라를 잘 운영해야 하기 때문에 이렇게 중요한 일을 하는 사람을 뽑을 때는 신중하게 해야 합니다.

대법원-서울 서초

국회의사당-서울 영등포

정부종합청사-서울 종로

대검찰청-서울 서초

생각하기

1. 대통령을 도와서 나랏일을 하는 사람은 어떤 생각을 가져야 할까요?

55

왕권을 키운

이방원

(1367년~1422년, 조선 3대 임금)

🔊 역사 연대기

1398년 1차 왕자의 난이 일어남
1400년 2차 왕자의 난이 일어남
　　　　이방원이 태종으로 왕위에 오름
1402년 호패법을 실시함
1418년 세종이 왕위에 오름

🔊 학습목표

1. 이방원에 대해서 알 수 있다.
2. 왕권을 강화하려고 한 까닭을 알 수 있다.
3. 왕권과 신권이 조화를 이루어야 하는 까닭을 알 수 있다.
4. 여당과 야당에 대해 알 수 있다.

인물 이야기

강한 왕권을 세운 이방원

 이방원은 고려 시대 교육기관인 성균관에서 성리학을 공부했고, 유학자로 이름난 길재와 같은 마을에 살면서 학문을 닦았습니다. 과거를 보아 문과에 급제했습니다.

 이방원은 아버지인 이성계를 도와 고려를 침략하며 노략질을 일삼는 왜구와 홍건적을 막아냈습니다. 그리고 이성계가 임금이 될 수 있도록 도왔습니다. 정도전과 손을 잡고 이성계를 반대하는 사람을 모두 몰아냈습니다.

 이방원은 조선 건국에 가장 큰 공을 세운 자신이 왕위를 이어받을 세자가 되는 것이 당연하다고 생각했습니다. 하지만 세자가 된 것은 막내인 '이방석'이었습니다.

 이 사실을 안 이방원은 조준, 김사형, 이숙번이 모인 자리에서 화를 내며 말했습니다.

 "이는 분명히 방석이를 왕으로 세우려고 정도전이 한 짓이야."

 "맞습니다. 정도전이 군사권까지 차지하려고 귀족이 거느리고 있는 사병을 모두 없앤다고 합니다."

 "사병을 빼앗겠다는 것은 내 날개를 꺾겠다는 속셈인데 이대로 당할 수만은 없지."

 이방원은 이숙번과 함께 정도전 무리와 세자인 이방석을 죽였습니다. 이 소식을 듣고 화가 난 이성계는 둘째 아들 이방과에게 왕위를 넘겨주었습니다. 이방원은 다시 왕위를 탐내는 형도 몰아내고 세자가 되어 군사권을 손아귀에 쥐었습니다.

 이방원은 귀족이 거느린 사병을 없앴으며, 군대를 관리하는 관청인 '삼군부'를 세웠습니다. '도평의사사'를 '의정부'로 고쳐 중요한 나랏일을 의논하게 했습니다.

살아있는 인물 열어가는 역사

정종은 임금이 된지 2년 만에 이방원에게 왕위를 물려주었습니다. 이방원이 조선 세 번째 임금인 태종이 되었습니다. 태종은 고려 공민왕이 신하에게 휘둘려서 개혁에 실패한 것을 거울삼아 왕권을 흔들만한 사람을 죽이거나, 귀양 보내 정치를 안정시켰습니다. 또 나라를 잘 다스리기 위해 제도를 정비하기 시작했습니다.

열여섯 살 이상이 된 남자에게는 지금 주민등록증과 비슷한 호패를 만들어 차게 했습니다. 호패를 차게 되자, 신분을 확인할 수 있어서 세금을 걷거나 군대에 가야 할 사람을 알아내기가 쉬워졌습니다.

또 궁궐 앞에 '신문고'라는 북을 매달아 놓고 누구라도 억울한 일이 있으면 두드린 다음 하소연을 하고, 나라를 위태롭게 하는 반란 등을 고발할 수 있도록 했습니다.

불교를 누르기 위해 많은 절을 없애고, 절이 차지한 토지와 노비를 나라 재산으로 만들었으며, 유학을 발전시켰습니다. 나라 살림을 튼튼히 하기 위해 토지도 조사했습니다.

그리고 신하와 의논하기를,

"나랏일을 처리하는 데 있어서 의정부가 너무 많은 힘을 갖고 있소. 어떻게 생각하오?"

"중요한 일만 의정부가 맡고 실제 업무는 6조가 맡는 것이 좋을 듯합니다."

라고 신하가 대답했습니다. 의정부 대신이 반대했지만, 의정부 기능을 약화시키고 이조, 호조, 예조, 병조, 형조, 공조로 이루어진 6조를 더 강하게 했습니다. 그러자 왕권이 강해지고 나라도 안정되어 갔습니다.

학문을 게을리 한 양녕대군을 세자에서 폐위하고, 셋째아들인 충녕대군에게 왕위를 물려주었습니다. 왕권강화정책 때문에 이방원은 많은 비난을 받았지만, 나라는 튼튼해졌고, 그 바탕 위에서 조선 시대 네 번째 임금인 세종대왕은 찬란한 문화를 꽃피울 수 있었습니다.

1. 태종 임금이 호패를 만들어 차게 한 까닭은 무엇인가요?

그때 사람은

왕권과 신권이 서로 충돌도 하고 돕기도 한다

　임금이 나라를 다스리는 힘을 '왕권'이라 하고, 신하가 임금을 돕는 힘을 '신권'이라고 합니다.

　태종은 왕권이 강한 나라인 중앙집권 국가를 만들기 위해 조선을 세울 때 공이 많은 신하인 '공신'과 왕비를 믿고 권세를 부리는 외척을 모두 몰아냈습니다. 임금에게 해를 끼치는 신하는 귀양을 보냈습니다. 처남인 민무구, 민무질 형제가 어린 세자를 믿고 권력을 잡으려 했다며 처형했고, 그 뒤에 민무휼과 민무회도 죽였습니다.

　태종을 위해 몸을 아끼지 않았던 이숙번도 귀양 보냈습니다. 충녕대군에게 왕위를 물려주면서도 이숙번을 풀어주지 말라고 했습니다.

　왕이나 세자 장인을 국구(國舅), 또는 척리라고 합니다. 조선 척리는 벼슬이 아무리 높아도 정치에는 참여할 수 없었는데, 이런 원칙을 만든 사람이 태종이었습니다.

　세종대왕 장인인 심온도 역적으로 몰아서 죽였습니다. 영의정인 심온이 명나라에 사신으로 간다고 하자, 많은 사람이 찾아와 인사를 하고 잔치를 열었기 때문입니다. 자신이 죽은 뒤에 아들인 세종대왕이 심온에게 휘둘리지 않도록 만들어준 것입니다.

이처럼 임금은 왕권을 키우려고 노력하지만, 그렇다고 모든 일을 마음대로 결정하는 것은 아니었습니다. 늘 신하와 의논을 했습니다.

신하는 임금을 충성으로 섬기지만, 임금이 하자는 대로 무조건 따르지는 않았습니다. 왜냐하면 임금도 잘못된 판단을 할 수 있기 때문입니다. 그래서 신하도 자기 힘을 키우려 애썼습니다.

나라가 안정되기를 누구보다도 바랐던 태종은 왕위에 오르자마자 사간원을 만들어 임금이 잘못하는 일이 있거나 그릇된 판단을 할 때는 서슴지 않고 말할 수 있도록 했습니다. 사간원은 임금과 신하가 잘못을 하면 그것을 임금 앞에서 따지기도하고 여러 가지 나랏일도 의논했습니다.

태종은 임금과 신하가 서로 도와야 나라가 발전된다고 믿어서 사간원을 만든 것입니다. 그래서 사간원 관리는 욕심이 없고, 바른 말을 하는 사람으로 뽑았습니다.

세종대왕 때 사간원 관리였던 김종서는 잘못을 저지른 양녕대군을 벌주어야 한다는 뜻을 굽히지 않아서 형을 용서하고 싶은 세종대왕이 화를 내기도 했습니다.

이와 같이 왕권이 지나치게 커지는 것은 신하가 막고, 신권이 커지는 것을 임금이 막아내면서 서로 돕고 조화를 이루어 나라를 안정시키고 발전시켜 나갔습니다.

1. 태종 임금이 사간원을 만든 까닭은 무엇인가요?

여당과 야당이 서로 겨루며 나라를 발전시킨다

▶ 옛날에도 정치를 잘하기 위해서 임금과 신하가 서로 힘을 겨루었던 것처럼, 요즘에도 나라를 발전시키고 좋은 정치를 하기 위해서 여당과 야당이 힘을 겨루는 것에 대해서 알아봅시다.

텔레비전 뉴스를 보던 민준이는,
"아빠! 국회의원이 서로 막 싸워요. 국회의원은 다 같은 편이 아닌가요? 왜 싸우죠?"
라고 물었습니다. 아버지는 아직 정치를 잘 모르는 민준이에게 자세하게 설명해 주었습니다.

뜻이 맞는 국회의원이 단체를 만들어 일을 하는 것이 바로 '정당'입니다.

대통령이 속한 정당을 '여당'이라고 하고 나머지 정당을 '야당'이라고 합니다. 여(與)는 '같은 편' 또는 '한패'라는 뜻으로, 여당이란 '정부와 한 편인 정당'을 말하며, 야당에 속한 국회의원은 여당이 잘못하는 일을 바로 잡으려 합니다. 그 까닭은 국회의원이 법을 만들고 대통령은 나라를 다스리는 일을 하는데, 대통령은 '여당'편에서 일을 할 때가 많아서 여당이 함부로 정치를 하거나 잘못된 법을 만들지 못하도록 야당이 막는 것입니다.

어떤 부분에서 의견차이가 생기면 서로 다투기도 하지만, 여당과 야당이 항상 서로 싸우기만 하지는 않습니다. 누구나 올바르다고 생각하는 문제에 대해서는 다투지 않을 때도 있습니다. 대부분 정책은 여당과 야당이 서로 의논해 결정하기 때문에 뉴스에서처럼 여당과 야당 국회의원이 서로 싸우는 경우는 많지 않고, 실제로는 일 년에 수 백 가지나 되는 법을 서로 의논해 결정하고 있습니다.

여당과 야당이 서로 뜻이 안 맞을 경우에는 '다수결원리'에 따라 정책을 결정하기도 합니다. 다수결원리는 보다 많은 사람이 찬성하는 쪽으로 결정하는 방식입니다. 다수결원리는 많은 사람 의견을 존중할 수 있지만, 적은 수에 속한 사람이 크게 손해를 보는 경우도 생길 수 있어서 늘 좋은 방법은 아닙니다.

그러므로 살기 좋은 나라를 만들기 위해서는 여당과 야당 국회의원이 서로 돕고 이해하는 마음으로 나라와 국민을 위한 정치를 하려고 애써야 합니다.

1. 여당과 야당은 무엇인가요?

나랏말ᄊᆞ미 中듕國귁에달아
文문字ᄍᆞᆼ와로서르ᄉᆞᄆᆞᆺ디아니ᄒᆞᆯᄊᆡ
이런젼ᄎᆞ로어린百ᄇᆡᆨ姓셩이니르고
져ᄒᆞᇙ배이셔도
ᄆᆞᄎᆞᆷ내제ᄠᅳ들시러펴디몯ᄒᆞᇙ노미하
니라
내이ᄅᆞᆯ爲윙ᄒᆞ야어엿비너겨
새로스믈여듧字ᄍᆞᆼᄅᆞᆯᄆᆡᇰᄀᆞ노니
사ᄅᆞᆷ마다ᄒᆡᅇᅧ수ᄫᅵ니겨날로ᄡᅮ메便
뼌安ᅙᅡᆫ킈ᄒᆞ고져ᄒᆞᇙᄯᆞᄅᆞ미니라

56

백성을 위해 글자를 만든

세종대왕

(1397년~1450년, 조선 4대 임금)

역사 연대기

1419년 이종무가 대마도를 정벌함
1427년 박연이 중국악기 편경을 우리나라에 맞게 새로 만듦
1434년 이천이 금속활자 갑인자를 만듦

학습목표

1. 세종대왕에 대해 알 수 있다.
2. 세종대왕이 한 일에 대해 알 수 있다.
3. 훈민정음에 대해 알 수 있다.
4. 유네스코 한글상과 아리랑상에 대해 알 수 있다.

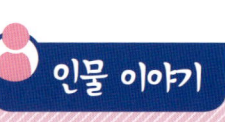

백성을 위해 글자를 만든 세종대왕

　태종 셋째 아들인 충녕대군이 스물세 살에 임금이 되었습니다. 바로 세종대왕입니다. 그때 우리나라 남쪽에는 왜구가, 북쪽에는 여진족이 나타나 백성을 괴롭혔습니다. 세종대왕은 이종무에게 왜구 소굴인 대마도를 치게 하고, 김종서에게 여진족을 물리치라고 했습니다.

　이때부터 백성도 평화롭게 살게 되었고, 우리나라 땅도 압록강과 두만강까지 넓어졌습니다.

　세종대왕은 나라를 다스리기 위해서는 학문이 깊어야 한다고 여겨서 집현전을 만들고, 성삼문, 박팽년, 정인지, 신숙주 같은 뛰어난 학자를 뽑았습니다. 또 학문 연구에 필요한 것을 뒷받침 해주었습니다.

　세종대왕은 음악을 바르게 정리하면 백성 마음이 편안해질 것이라고 생각해 박연에게 우리

집현전이 있었던 경복궁 수정전-서울 종로

나라 음악을 모아서 정리하라고 했습니다. 음악에 맞는 악기도 만들도록 했습니다.

　또 법이나 제도를 바꿀 때는 관리에게 직접 백성 의견을 듣고 오도록 했습니다. 아무리 나쁜 죄를 지은 죄인이라도 재판을 세 번까지 받도록 해서 억울하게 벌을 받는 일이 없도록 했습니다.

　세종대왕은,

"중국 농사 책은 우리나라에 맞지 않아 백성에게 도움이 되지 않으니, 여러 곳에 사는 농부에게 묻고 조사해 우리나라에 맞는 농사 책을 만들도록 하시오."

라며 정초를 시켜 ≪농사직설≫이라는 책을 만들어 백성이 훨씬 편하게 농사를 지을 수 있게 해주었습니다.

　농사를 짓기 위해서는 날씨를 잘 아는 것이 중요했기 때문에 세종대왕은 장영실에게 천문을 관측하는 여러 기구를 만들게 했습니다.

어느 날 경상도 진주에서 한 백성이 아버지를 죽이는 사건이 일어났습니다.

세종대왕은 '이런 끔찍한 일이 있을까? 백성에게 사람이 지켜야 할 도리인 삼강오륜을 가르쳐야겠다.'고 결심했습니다. 그래서 삼강오륜을 그림으로 그린 ≪삼강행실도≫를 만들었습니다. 여러 가지 제도도 만들고, 백성을 가르치는 책도 많이 만들었습니다.

세종대왕릉(영릉)-경기 여주

그러나 백성이 글자를 모르니 책을 읽지 못하고, 새로운 제도도 알지 못했습니다.

"백성이 한자가 어려워 쓰고 읽을 줄 모르니 쉽게 쓸 수 있는 글자를 만들어야겠소."

세종대왕이 말했으나, 한자가 있으므로 새 글자는 필요 없다며 나서는 사람이 없었습니다. 세종대왕은 스스로 글자에 대한 학문을 공부하고, 왕자와 공주에게 도움을 받아 글자를 만들기 시작했습니다. 드디어 자음 열일곱자와 모음 열한 자로 된 글자를 만들었습니다. 백성을 가르치는 바른 소리라는 뜻으로 '훈민정음'이라고 했습니다.

훈민정음을 만들자 많은 신하가 좋은 한자를 버리고 새 글을 쓰는 것은 중국을 배신하는 것이며, 한자가 아닌 자기 나라 글자를 쓰는 것은 오랑캐라며 반대했습니다. 그러나 3년 동안 글자를 시험하고, 백성이 쓸 수 있도록 다듬은 다음, 백성에게 쓰도록 했습니다. 또 훈민정음으로 많은 책을 만들게 했습니다.

훈민정음은 점점 퍼져나가서 누구나 글자를 쓰고, 책을 읽을 수 있게 되었습니다. 사람이 지켜야 하는 도리도 알게 되었고, 더욱 지혜로운 백성이 되었습니다.

이토록 자기 몸을 돌보지 않고 나라를 다스린 세종대왕 덕분에 조선은 정치, 문화, 경제, 외교, 과학 모든 부분에서 큰 발전을 이룰 수 있었습니다.

1. 세종대왕은 백성이 왜 새로운 제도를 쉽게 받아들이지 못한다고 생각했나요?

그때 사람은

읽고 쓰게 된 백성

훈민정음을 만들기 전에는 우리말을 그대로 쓸 수 있는 글자가 없었습니다. 그래서 신라 때 만들어진 '이두'같은 것으로 한자음과 뜻을 빌려서 썼습니다. 한자는 배우기 어려워서 백성이 글을 읽고 쓰지 못했습니다.

훈민정음은 '백성을 가르치는 바른 소리'라는 뜻입니다. 세종대왕은 훈민정음을 발표하면서 첫 번째 장에서 새 글자를 만드는 까닭을 직접 썼습니다.

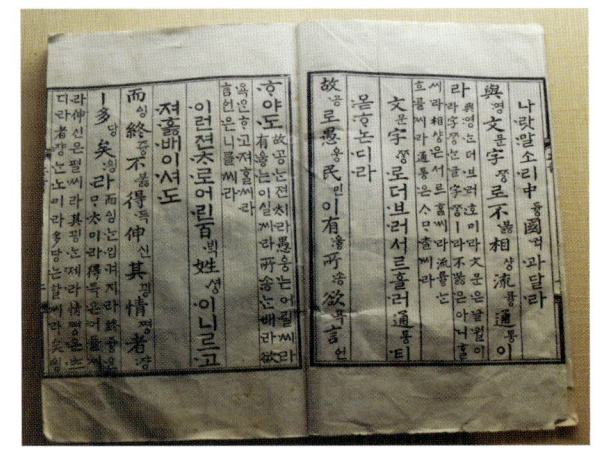

훈민정음

"우리나라 말이 중국과 달라서 중국말을 글자로 쓰도록 만든 한자는 우리말과 통하지 않으니, 한자로는 우리말을 쓰기가 어렵다. 이런 까닭에 어리석은 백성이 말하고 싶은 것이 있어도 제 뜻을 글자에 담아 내지 못한다. 내가 이것을 가엾게 여겨 새로 스물여덟 글자를 만들었으니, 사람마다 쉽게 배워서 날마다 편히 글을 쓰게 하려는 것이다."

이를 보면 세종대왕이 백성을 위한 마음으로 훈민정음을 만들었다는 것을 알 수 있습니다. 그러나 훈민정음이 처음에는 환영을 받지 못했습니다. 많은 신하가 훈민정음을 반대했습니다. 양반도 무시했습니다. 백성이 글을 알게 되는 것이 싫었기 때문에 낮은 글이라는 뜻으로 '언문'이라 부르며 배우려 하지 않았습니다.

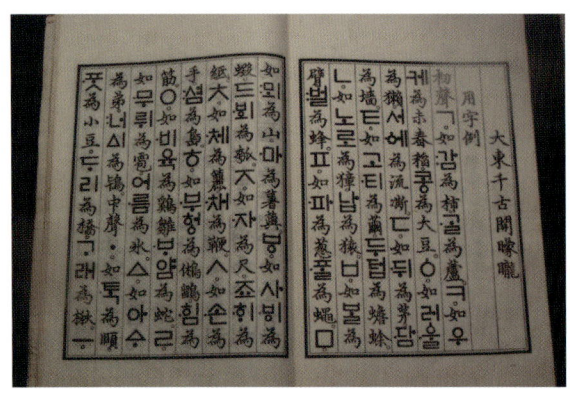

훈민정음을 풀어놓은 해례본

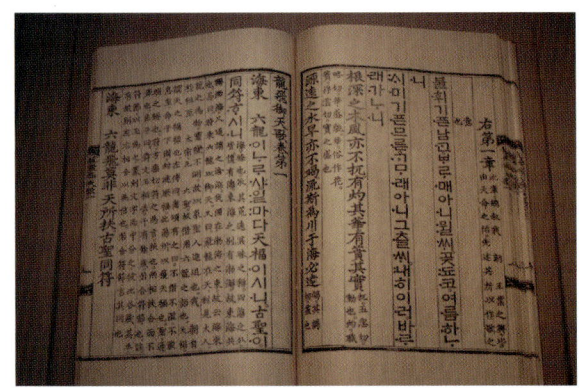

훈민정음으로 지은 노래인 용비어천가

살아있는 인물 열어가는 역사

세종대왕은 반대하는 신하를 감옥에 가두기도 하고 설득도 했습니다. 관리를 뽑는 시험에도, 나랏일을 할 때 쓰는 문서에도 훈민정음을 쓰게 했습니다. 실제로 쓰는 데에 문제가 없는지 훈민정음으로 여러 책을 만들기도 하고 중국책을 훈민정음으로 고쳐 쓰기도 했습니다.

훈민정음은 소리가 날 때 혀 모양이나 위치, 그리고 입술 모양 등을 본 따 만들었습니다. 훈민정음으로는 어떤 소리도 글자로 쓸 수 있었고, 배우기도 쉬웠습니다.

훈민정음은 처음에는 궁궐에 있는 공주나, 궁녀가 쓰기 시작하다가 점점 백성에게 퍼져나갔습니다.

훈민정음을 배우면서 백성은 쉽게 책을 읽을 수 있게 되었습니다. 자기 마음을 글로 적을 수 있게 되었습니다. 훈민정음으로 된 편지를 주고받기 시작했습니다. 또 ≪심청전≫이나 ≪춘향전≫같이 훈민정음으로 된 이야기책이 만들어져서 큰 인기를 끌었습니다. 한자로 된 어려운 책도 훈민정음으로 번역해 나오기 시작했고, 입으로만 전하고 한자로 적기 어려운 옛날 노래도 글자로 적었습니다. 우리 마음과 우리 생각을 가장 편하게 표현할 수 있게 된 것입니다. 한자로는 도저히 쓸 수 없는 닭 울음소리, 바람소리, 개 짖는 소리, 학 울음소리까지도 쓸 수 있게 되었습니다.

지금은 '한글'이라고 부르는 훈민정음은 1997년 유네스코 세계기록유산으로 지정되었습니다.

탐구하기

1. 세종대왕이 훈민정음을 만든 까닭은 무엇인가요?

요즘 사람은

세종대왕상

▶ 당시에는 많은 신하가 반대했지만 한글은 세계 사람에게 과학적이고 뛰어난 글자로 인정받고 있습니다. 세종대왕을 기리는 상과 뛰어난 우리나라 문화재 이름이 붙은 세계적인 상에 대해서 생각해봅시다.

한글은 세계 여러나라 사람에게 '가장 단순하면서도 가장 훌륭한 글자', '모든 언어가 꿈꾸는 가장 뛰어난 알파벳'이라는 칭찬을 듣고 있습니다. 또 영국 옥스퍼드대학교에서 여러 나라 글자에 점수를 매겨 한글을 1등으로 뽑았습니다. 한글은 가장 과학적으로 만든 문자이기도 하지만, 배우기도 쉬워서 우리나라 어른 가운데 한글을 읽고 쓸 줄 모르는 사람은 거의 없습니다. 미국에서는 10명중 3명이 영어를 쓰지도 읽지도 못한다고 합니다.

한글은 문화나 기록을 보전하기 위해 만든 유네스코 세계 기록유산에 올라 있습니다. 또 1989년 유네스코와 한국 정부는 글을 모르는 사람에게 글을 알려주기 위해 노력한 사람이나 단체에게 주는 상을 만들었습니다. 바로 '세종대왕상'입니다. 지금까지 인도, 가나 같은 나라에서 글자를 가르친 단체나 사람이 이 상을 받았습니다.

유네스코에는 또 '아리랑상'이라는 우리나라 이름으로 된 상이 있습니다. 입으로 전해지는 노래, 무용, 연극 같은 예술을 널리 퍼뜨린 사람이나 단체에 주는 상입니다. 아리랑은 세계 사람이 발음하기도 쉽고, 입으로 전해오는 아름다운 노래이므로, 이 이름을 딴 것입니다.

기록으로 남아있는 문화유산을 보호하는 데 애쓴 사람이나 단체에게 주는 유네스코 '직지상'도 우리나라 문화재에서 이름을 딴 것입니다. 직지상은 《직지심체요절》에서 온 것인데, 이것은 우리나라가 세계에서 가장 먼저 발명한 금속활자로 찍은 책입니다.

이렇게 우리나라 한글이나 아리랑, 《직지심체요절》 이름을 딴 상은 뛰어난우리나라 문화유산을 세계 사람이 널리 알 수 있도록 해줍니다.

1. 우리나라 문화재를 생각해서 앞으로 만들고 싶은 상과 어떤 사람에게 주고 싶은지 써보세요.

57

위대한 과학자
장영실

(나고 죽은 때 모름, 조선 시대 과학기술자)

🔊 **역사 연대기**

1418년 세종대왕이 왕위에 오름
1433년 최윤덕이 여진족을 물리침
1443년 훈민정음을 만듦

🔊 **학습목표**

1. 장영실에 대해 알 수 있다.
2. 조선 시대 천문학이 발달한 까닭을 알 수 있다.
3. 조선 시대 천문관측기구에 대해 알 수 있다.
4. 일기예보에 대해 알 수 있다.

신분을 딛고 일어선 과학자, 장영실

'별이 움직이는 것을 보면 계절이 바뀌는 것을 알 수 있지. 계절을 미리 알면 농사짓는 데에 많은 도움이 될 거야.'

장영실은 마을 뒷산에 올라가서 별을 꼼꼼히 살펴보곤 했습니다. 아버지는 중국 사람이고, 어머니가 기생인 장영실은 관청에서 일하는 노비였습니다. 어릴 때부터 생각이 깊고 무척 총명했습니다. 손재주도 아주 좋아서 무엇이든 척척 잘 고치고 잘 만들었습니다. 그래서 마을에서 아주 유명한 아이였습니다.

장영실이 동래현 관청 노비로 있던 어느 해 봄, 오랫동안 비가 오지 않아 모내기를 할 수 없었습니다.

"이대로 가만히 앉아 농사를 다 망칠 셈인가? 하늘에 제사라도 지내야 하지 않나?"

모두 한숨만 내 쉬고 있었습니다.

그때, 장영실이 좋은 방법을 생각해 냈습니다. 대나무에 마디를 뚫어서 긴 대롱을 만들었습니다. 강에서부터 논까지 대롱은 이어 붙여 땅속에 묻어서 물을 끌어들였습니다. 이 일로 장영실은 큰 상을 받았습니다. 그 소문은 한양에 있는 임금님에게까지 전해져, 궁궐에서 일하게 되었습니다.

세종대왕은 장영실이 중국에 가서 공부할 수 있게 해 주었습니다. 천문 기술을 배우고 돌아와 천문관측 기구를 만들기 시작했습니다. 세종대왕은 장영실에게 벼슬을 주어 마음껏 발명에만 힘쓸 수 있게 해주고 싶었습니다. 그래서 노비가 벼슬에 오르는 것을 반대하는 신하를 물리치고 '상의원 별좌'라는 높은 벼슬을 내려 주었습니다.

장영실은 밤과 낮을 가리지 않고 열심히 연구했습니다. 만든 발명품 가운데 가장 뛰어난 것은 스스로 종을 치며 시간을 알려주는 물시계인 '자격루'였습니다. 연구를 거듭해 사람 손이 전혀 가지 않는 자동 시계인 '옥루'도 만들었습니다. 옥루는 중국과 아라비아 물시계에 관한 모든 자료를 철저히 연구해 새롭게 만든 위대한 발명품입니다.

살아있는 인물 열어가는 역사

장영실은 그 밖에도 하늘이 움직이는 것을 알 수 있는 천문 관측기구인 간의, 물레바퀴가 돌면 천구의가 움직이면서 시간을 알려주는 시계인 '혼천의', 달력도 되고 시계도 되는 해시계인 '앙부일구', 비가 내리는 양을 알 수 있는 '측우기', 해시계와 별시계를 하나로 합쳐 놓은 '일성정시의', 강물 높이를 재는 '수표'를 비롯한 수많은 발명품을 만들었습니다.

장영실은 이천과 함께 금속활자도 만들었습니다. 새로운 활자인 '갑인자'는 '갑인 년에 만든 청동 활자'라는 뜻으로, 그 전에 만든 '경자자'보다 글씨가 바르고 깨끗하며, 더 쉽게 많은 글자를 찍어 낼 수 있었습니다. 세종대왕은 장영실을 특별히 아껴서 '상호군'이라는 아주 높은 벼슬을 주었습니다. 장영실은 20년 동안 오직 발명에만 온 힘을 쏟았습니다. 그 덕분에 조선은 과학 기술이 아주 발달했습니다.

그렇지만 천한 노비가 높은 벼슬에 오르는 것을 못마땅해 하는 사람도 많았습니다. 어느 날, 임금님 가마를 만들라는 명령이 내려왔습니다. 장영실은 은혜에 보답하는 마음으로 정성껏 가마를 만들었습니다. 그런데 어찌된 일인지 부서지는 사고가 일어났습니다.

"가마를 튼튼하게 만들지 못한 장영실을 용서할 수 없습니다. 큰 벌을 내리셔야 합니다."
라며 많은 신하가 들고 일어났습니다. 장영실은 곤장 80대를 맞고 궁궐에서 쫓겨났습니다. 그 뒤 어디서 어떻게 살다가 어떻게 죽었는지 아무도 모릅니다.

1. 장영실이 만든 발명품에는 어떤 것이 있나요?

그때 사람은
천문학이 발달한 조선 시대

조선 시대는 농사를 세상에 근본이라 해서 가장 중요하게 여겼습니다.

농사를 잘 지으려면 언제 씨를 뿌리고, 언제 거두어 들여야 하는지 잘 알아야했습니다. 또한 농사는 날씨에 따라 풍년이 들기도 하고 흉년이 들기도 했습니다. 그런데 옛날에는 날씨를 미리 알 수 있는 방법도, 날짜를 알 수 있는 방법도 별로 없었습니다. 지금처럼 일기예보도 없었고, 달력도 없었기 때문입니다.

혼천의

대충 작년 이때쯤 날씨가 어땠는지 기억하거나, 기온 변화를 보고 짐작하는 것이 고작이었습니다. 예를 들면 얼음이 녹고 개구리가 땅 속에서 나오는 것을 보고 농사 준비를 시작할 때가 되었음을 알곤 했습니다. 정확한 날짜와 날씨를 모르다보니 불편한 점이 많았습니다.

이것을 안타깝게 여긴 세종대왕은 장영실을 비롯한 여러 과학자에게 하늘 움직임을 관찰하는 천문관측기구를 만들도록 했습니다. 오랜 연구 끝에 경복궁에 천문대인 '간의대'를 세우고, '간의'를 설치했습니다. 간의는 하늘 움직임과 위치를 관찰해 그 각도를 표시하는 관측기구입니다. 간의 서쪽에는 '규표'를 세웠습니다. 규표는 해 그림자 길이를 재는 기구인데, 해 그림자 길이로 24절기를 정했습니다. 그 밖에 혼천의, 앙부일구, 자격루 등 여러 가지 관측기구를 만들었습니다.

규표

자격루

앙부일구

간의

농사를 잘 지으려면 달력이 꼭 필요했습니다. 그 때까지 제대로 된 달력이 없던 우리나라는 중국에서 만든 것을 가져와서 사용했습니다. 그러나 우리나라에는 잘 맞지 않았습니다. 세종대왕은 이순지와 김담에게 달력을 만들도록 했습니다. 한양을 중심으로 하늘을 관찰해 '칠정산 내편'과 '칠정산 외편'을 만들었습니다. 그 당시에 달력을 만든 나라는 아라비아, 중국, 우리나라 밖에 없었습니다.

이 밖에도 농사짓는 데에 도움이 되는 많은 기구가 만들어졌습니다. 비가 너무 많이 와도 너무 적게 와도 농사를 망치게 됩니다. 비가 내리는 양을 알아보기 위해 쇠로 만든 둥근 그릇에 비를 담아 그 양을 재는 기구인 '측우기'를 만들었습니다. 개울이나 강물 높이를 재는 도구인 '수표'도 세웠습니다. 비가 내리는 양을 꾸준히 살펴보고, 불어나는 강물 높이도 재어보면 앞으로 비가 언제 얼마큼 내릴지 쉽게 짐작할 수 있었습니다.

태풍이 몰아치면 일 년 농사를 모두 망칠 수도 있습니다. 어느 쪽에서 바람이 불어오는지 얼마나 센 바람인지 알기 위해서 '풍기'를 만들었습니다. 바람이 부는 방향과 바람세기를 일일이 기록해서 미리 짐작해보고 농사를 준비했습니다.

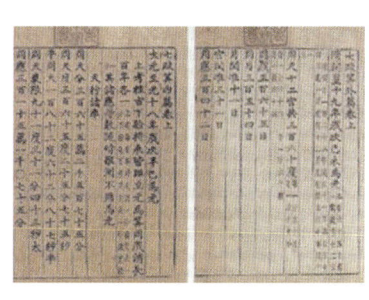
칠정산 외편

측우기

풍기

수표

1. 농사에 도움이 된 조선 시대 발명품을 세 가지 이상 써보세요.

 요즘 사람은

우리 생활에 도움을 주는 일기예보

▶ 옛날에는 날씨를 아는 것이 무척 중요했기 때문에 여러 가지 발명품을 만들어 날씨를 정확히 알려고 했습니다. 요즘은 날씨를 알려면 일기예보를 보면 자세히 알 수 있습니다.

"하늘이 잔뜩 찌푸렸네. 엄마 오늘 우산 가져가요?"

"글쎄, 일기예보 좀 확인해 볼게. 아, 우산 꼭 가져가야겠는걸."

"엄마, 그런데 어떻게 미리 날씨를 알 수 있는 거예요?"

"그건, 기상 상태에 대한 여러 가지 자료를 모아 꼼꼼하게 살펴본 뒤 일기도를 만들어 신문이나 텔레비전으로 우리에게 알려주는 거란다. 요즘은 인터넷이나 전화로도 알 수 있단다."

"그럼, 기상 상태는 어떻게 해서 알 수 있어요?

"우리나라에는 전국에 72개나 되는 기상관측소가 있는데, 하늘 상태, 기온, 습도, 바람, 구름 등을 항상 살펴보고 있단다. 또한 레이더라는 전파를 이용한 탐지기나 특수한 비행기, 배 등을 이용해서 관찰하기도 하지. 또 기상 위성으로 사진을 찍어 보기도 한단다. 기상청에서는 우리나라 기상자료와 외국에서 보내오는 자료까지 모두 모아서 슈퍼컴퓨터를 이용해 일기도를 만드는 거란다."

"우와, 정말 복잡하네요."

"그렇지? 그렇게 힘들게 만들어진 일기예보는 우리 생활에 많은 도움을 준단다. 비가 많이 내리거나 바람이 심하게 불거나 갑자기 날씨가 바뀌거나 할 때 미리 준비할 수 있어서 참 편리하지. 농사 짓는 사람, 물고기 잡는 사람, 건물 짓는 일을 하는 사람에게는 특히 더 필요하단다."

"저한테도 일기예보는 꼭 필요해요. 운동회나 현장 학습 가는 날에 비가 올지 안 올지 미리 알 수 있으면 좋잖아요."

1. 기상 상태에 대한 자료를 모으고 정리해서 일기도를 만드는 곳은 어디인가요?

58

훌륭한 재상

맹사성과 황희

(맹사성-1360년~1438년/황희-1363년~1452년, 조선시대 문신)

🔊 역사 연대기

1386년 맹사성이 문과에 급제함
1389년 황희가 문과에 급제해 성균관 학관이 됨
1392년 조선이 세워짐

🔊 학습목표

1. 맹사성에 대해 알 수 있다.
2. 황희에 대해 알 수 있다.
3. 청백리상에 대해 알 수 있다.

인물 이야기

검소하게 살며, 백성을 돌 본 맹사성과 황희

　맹사성은 고려 말에 태어나 태조부터 세종까지 4대에 걸쳐 벼슬을 했습니다. 맹사성은 열아홉 살에 과거에 장원급제를 해서 스무 살에 경기도 파주 군수가 되었습니다. 어린나이에 벼슬에 오른 맹사성은 자기만 똑똑한 줄 알고 우쭐댔습니다. 어느 날 어떤 스님에게,
　"이 고을을 다스리는 데에 가장 필요한 것이 무엇이라고 생각하오?"
　"나쁜 일을 하지 말고, 착한 일을 많이 베푸시면 됩니다."
　"그런 것은 이미 다 아는 이치인데, 먼 길까지 온 내게 해줄 말이 겨우 그것뿐이오?"
라며, 맹사성은 자리에서 일어났습니다. 그러자 스님은 차 한 잔 마시고 가라며 붙잡았습니다. 맹사성은 못이기는 척 자리에 앉았습니다. 그런데 스님이 찻잔에 차가 넘치는데도 계속 붓고 있었습니다.
　"스님, 찻물이 넘쳐 바닥까지 흐릅니다."
　맹사성이 소리쳤습니다. 그때서야 스님은,
　"찻물이 넘쳐 방바닥을 적시는 것은 알고, 지식이 넘쳐 사람을 망치는 것은 어찌 모르십니까?"
라고 했습니다. 이에 당황한 맹사성은 황급히 일어나 밖으로 나가려다 문에 세게 부딪혔습니다.
　"고개를 숙이면 부딪치는 법이 없습니다."
　스님은 빙그레 웃었습니다. 이에 크게 깨달은 맹사성은 높은 벼슬에 있으면서도 평생을 교만하지 않고 검소하게 살았습니다.

맹사성과 더불어 같은 시대에 벼슬을 한 황희가 젊었을 때 일입니다. 오랜만에 휴가를 얻어서 개성에 있는 집으로 돌아가는 길이었습니다. 더운 여름이라 길 옆 나무그늘에 앉아 잠시 더위를 식히고 있었습니다. 앞에는 나이 든 농부가 소 두 마리를 데리고 쟁기질을 하고 있었습니다. 잠시 후 농부가 일손을 멈추고 나무그늘로 왔습니다.

황희는 검정소와 누렁소를 가리키며 농부에게 물었습니다.

"노인장, 저 두 마리 황소 중에서 어느 놈이 일을 더 잘합니까?"

그러자 농부는 주저하더니 잠깐 귀를 빌리자고 했습니다. 황희는 어리둥절해 하다가 농부가 하자는 대로 귀를 갖다 댔습니다. 그제야 농부는 귓속말로 말했습니다.

"누렁소가 훨씬 힘이 세다오. 일도 잘하고 ……"

"그런데 노인장께서는 왜 그런 말을 귓속말로 하십니까?"

농부는 웃으며,

"아무리 짐승이라 해도 남보다 못하다는 말을 들으면 서운할 것입니다."

대답했습니다. 황희는,

'짐승도 흉을 보면 싫어하는데, 사람인들 말해 무엇하랴. 다른 사람 말을 함부로 해서는 안 되겠구나.'

크게 깨달았습니다. 그 뒤에 정승이 되었고, 세종대왕을 도와 훌륭한 정치를 했습니다. 가장 높은 벼슬인 영의정까지 올라갔지만, 항상 겸손해 모두에게 존경을 받았습니다. 다른 사람 말을 잘 들어주었고, 다른 사람 입장을 잘 생각해주었기 때문에 가장 오랫동안 정승자리에 있을 수 있었습니다.

1. 농부는 왜 황희가 한 질문에 귓속말로 답했나요?

욕심 없는 관리를 뽑아요.

조선 시대에는 관리 중에서 재물에 욕심이 없고, 마음이 깨끗한 사람만을 뽑아 후손에게 길이 본보기로 삼은 '청백리 제도'가 있었습니다. 명종때부터 살아 있는 사람은 '염근리'라는 이름을 붙여 뽑았고, 죽은 사람은 '청백리'로 뽑았습니다. 청백리는 모두 219명이었는데, 맹사성·이황·이항복 등이 있습니다.

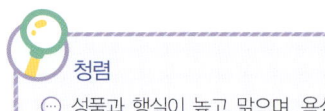
🔍 **청렴**
⊙ 성품과 행실이 높고 맑으며, 욕심이 없는 것을 말한다.

청백리에 뽑히게 되면 자손이 과거를 보지 않고 벼슬에 나갈 수 있었습니다. 청백리가 많이 난 집안은 큰 자랑으로 삼았습니다.

청백리는 조선 시대에만 있었던 것은 아닙니다. 예전에도 청렴하게 살아 모범이 되었던 사람이 있었습니다.

신라 진평왕 때 화랑이었던 검군이라는 사람은 흉년이 들자 여러 벼슬아치가 나라 창고에서 곡식을 훔쳐 나누어 가졌지만 받지 않았습니다.

"여러 사람이 모두 받았는데, 그대만이 거절하니 무슨 일인가. 만일 적어서 그렇다면 더 주겠다."
라고 하니,
"나는 화랑으로서 의로운 것이 아니면, 아무리 많은 재물이라도 내 마음을 움직일 수 없다."
검군은 웃으며, 거절했습니다.

살아있는 인물 열어가는 역사

고려 명종때 노극청이라는 사람은 몹시 가난해서 마지막 남은 재산인 집마저 팔려고 했습니다. 그러던 어느 날, 그가 집을 비운 사이 친구가 찾아오자, 노극청 아내는 백금 열두 근을 받고 집을 팔았습니다. 나중에 이 사실을 알게 된 노극청은 친구를 찾아가,
"내가 아홉 근을 주고 사서 여러 해를 살았는데, 열두 근을 받는다는 것은 말이 되지 않는다."
나머지를 돌려주었습니다.

팔마비- 전남 순천

고려 충렬왕 때 승평부사를 지냈던 '최석'이라는 사람이 있었는데, 전라남도 순천에 원님으로 있다가 개경으로 가게 되자, 백성이 말 여덟 마리를 주었습니다. 떠나가는 원님이 짐을 싣고 갈 수 있도록 말을 바친 것입니다.

그런데 개경으로 간 최석은 처음에 받아온 말 여덟 마리와 함께 그동안 낳은 새끼 말까지 더해서 아홉 마리를 되돌려 보냈습니다. 순천 백성은 욕심 없는 최석을 기리는 '팔마비'를 세웠습니다.

1. 조선시대에 청백리제도를 만든 까닭은 무엇인가요?

요즘 사람은

모범이 되는 공무원에게 청백리상을 주어요

▶ 맹사성과 황희가 오랫동안 정승자리에 있을 수 있었던 것은 청렴결백했기 때문입니다. 오늘날에도 청렴하게 일하는 공무원에게 청백리상을 줍니다. 청렴하게 일하는 공무원에 대해서 생각해 봅시다.

요즈음은 나라와 국민을 위해 일하는 사람을 공무원이라고 합니다. 공무원은 국민이 내는 세금으로 월급을 받기 때문에 국민을 위한 일을 해야 합니다. 그래서 항상 청렴하고, 투철한 봉사정신으로 일을 해야 합니다. 그러나 모든 공무원이 청렴하고 봉사하며 일하는 것이 쉽지 않습니다.

국가에서는 공무원이 공정하고, 깨끗한 업무를 볼 수 있도록 모범이 되는 사람에게 상을 줍니다.

1981년에 청백리상을 만들어 첫 번째로 공무원 여섯 명에게 시상한 것을 비롯해 1982년에는 3명, 1983년에는 5명, 1984년에는 3명, 1985년과 1986년에는 대상자를 찾아내지 못했으며, 1987년에는 4명에게 상을 주었습니다.

이 상은 충성 · 청렴 · 정직 · 봉사하는 자세로 모든 공무원에게 모범이 될 만한 인물을 뽑아 기리기 위해 만들었습니다. 따라서,

첫째, 어려운 상황 속에서 오랜 기간 근무하면서 모든 공무원에게 모범이 될 수 있는 뛰어난 업적을 이룬 공무원,

둘째, 공직생활면이나 사회생활면과 가정생활면에서 다른 사람으로부터 존경과 믿음을 받는 공무원,

셋째, 청백리 공무원으로서 그 공적과 인격 등이 모범이 되는 공무원에게 상을 주고 있습니다.

여기에는 하는 일이 높고 낮음을 따지지 않으며, 이 상을 받은 사람은 특별승진을 할 수 있고, 높은 등급 훈장을 받을 수 있습니다.

생각하기 1. 청백리상은 어떤 사람에게 주는 것일까요?

59
사육신과 생육신

(하씨지묘-하위지
1412~1456)

(박씨지묘-박팽년
1417~1456)

(유씨지묘-유성원
태어난 때 모름
~1456)

(김씨지묘-김문기
1399~1456)

(이씨지묘-이개
1417~1456)

(유씨지묘-유응부
태어난 때 모름
~1456)

(성씨지묘-성삼문
1418~1456)

역사 연대기

1453년 수양대군이 정권을 잡은 계유정난이 일어남
1455년 단종 임금이 수양대군에게 왕위를 물려줌
1456년 사육신이 처형을 당함
1457년 단종 임금이 노산군으로 낮추어져 영월로 귀양을 감

학습목표

1. 사육신과 생육신에 대해 알 수 있다.
2. 세조가 임금이 되는 과정을 알 수 있다.
3. 사육신공원에 대해 알 수 있다.

인물 이야기

하늘에는 두 해가 없고, 백성에게는 두 임금이 없다

　세종대왕을 이어서 문종이 왕위에 올랐으나, 두해 만에 죽고 말았습니다. 문종을 이어 단종이 된 세자는 겨우 열두 살이었습니다. 그러자 삼촌인 수양대군이 어린 조카인 단종을 몰아내고 세조가 되었습니다.

　하지만 잘못된 일이라고 생각하는 신하가 있었습니다. 성삼문, 박팽년, 이개, 하위지, 김질을 비롯한 집현전 학자는 단종을 다시 왕위에 올리려는 계획을 세웠습니다. 무관인 유응부도 뜻을 같이했습니다.

　"명나라 사신을 위해 창덕궁에서 잔치를 연다고 합니다. 제가 임금을 지키는 별운검으로 뽑혔습니다. 수양대군을 죽일 좋은 기회입니다."

라고 유응부가 말했습니다. 별운검이란 특별한 행사가 있을 때 임금 양쪽에서 운검이라는 칼을 들고 임금을 지키는 사람을 말합니다.

　그런데 아침이 되자, 세조는 잔치를 여는 장소가 좁고 덥다며 별운검을 들어오지 못하게 했습니다. 이 때문에 세조를 죽이려는 계획은 미뤄졌습니다. 그러자 김질은 겁이 나서 장인인 정창손에게 그동안 계획했던 일을 알려 주었고, 정창손은 세조에게 말했습니다.

　세조 일을 꾸민 성삼문, 박팽년, 유응부, 이개, 하위지를 차례로 불러와 직접 심문했습니다.

　"너희는 무엇 때문에 나를 죽이려했느냐?"

　"하늘에는 해가 둘이 있을 수 없고, 백성에게는 임금이 둘이 있을 수 없기 때문입니다."

　성삼문은 심한 매질과 고문을 당하면서도 당당하게 대답했습니다.

세조는 박팽년에게 용서를 빈다면 살려주겠다고 했지만, 박팽년은 끝까지 거절했습니다. 또한 세조를 '전하'라 하지 않고 왕자를 가리키는 '나리'라고 부르면서 임금으로 인정하지 않았습니다.

결국 박팽년은 너무 많이 맞아 감옥에서 죽고, 성삼문을 포함한 다른 사람은 처형당했습니다. 유성원은 집에 있다가 들통 난 것을 알고 아내와 함께 자살했습니다.

이 사건으로 죽은 사람이 70여 명이나 되었고, 참여한 사람뿐만 아니라, 가족과 친척까지 처벌받았습니다.

'사육신'이라는 말은 남효온이 쓴 《육신전》에서 처음 나왔습니다. 단종을 위해 목숨을 버린 박팽년, 성삼문, 이개, 하위지, 유성원, 유응부를 사육신이라고 써 놓았기 때문입니다.

사육신 시비-서울 동작

단종을 다시 왕위에 오르게 하려는 계획에는 참가하지는 않았지만, 세조 밑에서는 벼슬을 하지 않은 사람도 많았습니다. 사육신처럼 목숨을 버린 것은 아니지만, 단종에게 끝까지 충성을 지킨 김시습, 원호, 이맹전, 조려, 성담수, 남효온은 생육신이라고 합니다.

우리나라 첫 한문소설인 금오신화를 지은 김시습은 수양대군이 임금이 되었다는 소식을 듣고, 보던 책을

사육신 신도비-서울 동작

모두 불사르고 스스로 머리를 깎은 채 전국을 떠돌아다녔습니다. 이맹전은 귀먹고 눈멀었다는 핑계를 대고는 벼슬을 버리고 고향인 선산으로 돌아갔습니다. 그곳에서도 친한 친구마저 만나지 않으며 30여년을 문밖으로 나가지 않았습니다. 원호도 병을 핑계로 고향인 원주로 돌아가 문밖에 나가지 않았습니다. 조려와 성담수는 벼슬을 버리고 고향에서 낚시를 하면서 평생을 보냈습니다. 남효온은 이 사건이 일어났을 때는 어린 나이였지만, 사육신 이야기를 기록했기 때문에 생육신에 포함되었습니다.

탐구하기

1. 사육신과 생육신을 각각 써보세요.

사육신	생육신

임금이 어리면 나라를 제대로 다스릴 수 없을까?

우리 역사에서 어린 임금이 왕위에 오른 경우는 많았습니다. 신라를 크게 발전시킨 진흥왕도 일곱 살에 임금이 되었습니다. 그러나 나라를 다스린 것은 진흥왕 어머니인 지소태후였습니다. 지소태후는 화랑제도를 만들고, 임금이 군대를 직접 이끌 수 있도록 했습니다. 임금 자리를 더 튼튼하게 만들어 놓았습니다. 지소태후처럼 어린 임금을 잘 보좌해 준다면 나이 어린 임금이 즉위한다고 해도 아무 문제가 없습니다.

그러나 단종이 왕이 된 때는 사정이 달랐습니다. 단종은 아버지인 문종이 왕위에 오른 지 2년 3개월 만에 병으로 죽자, 열두 살 나이로 왕위에 올랐습니다.

임금이 어릴 경우 궁궐에서 가장 높은 어른인 대비가 수렴청정을 했습니다. 그러나 단종은 태어난 지 이틀 만에 어머니가 돌아가셨기 때문에 대비가 없었습니다. 임금 할머니인 대왕대비가 다스리면 되지만 대왕대비도 죽고 없었습니다. 왕비 쪽 세력인 든든한 처가가 있으면 단종을 뒤에서 받쳐줄 수 있었지만, 아직 결혼을 하지 않았습니다.

따라서 어린 단종을 도와 줄 사람은 김종서와 황보인 같은 신하뿐이었습니다. 세종대왕과 문종으로부터 단종을 잘 보살펴 달라는 부탁을 받은 사람입니다.

살아있는 인물 열어가는 역사

나이 어린 단종이 혼자서 나랏일을 결정할 수가 없었기 때문에 신하가 의논해 결정하는 경우가 대부분이었고, 단종은 신하가 한 결정을 따랐습니다. 관리를 뽑을 때는 '황표정사(黃票政事)'라는 방식으로 결정했습니다. 새로운 관리를 뽑거나 승진시킬 일이 있으면 김종서와 황보인이 후보자 3명 이름을 적고 뽑고 싶은 사람 이름에 미리 노란 점을 찍었습니다. 그러면 단종은 그 위에 검은 점을 찍어 결정했습니다. 황표정사는 단종이 수많은 신하 이름을 기억할 수 없었고, 또한 누구를 어떤 자리에 써야 할지 몰랐기 때문에 생각해 낸 방법입니다.

그러자 단종 삼촌인 수양대군은 나라를 신하가 마음대로 다스려서는 안 된다고 생각했습니다. 또 신하가 왕과 왕실을 약하게 하는 제도를 만들자 자기 힘이 점점 줄어드는 것에 불만을 품었습니다. 임금을 약하게 하고 신하 힘만 커지게 되니 자신이 임금이 되어야 한다고 생각했습니다.

그래서 수양대군은 가장 힘이 센 신하인 황보인, 김종서 같은 사람을 죽이고 정권을 잡았습니다. 이듬해 수양대군은 단종을 위협해 임금 자리를 빼앗아 조선 7대 임금인 세조가 되었습니다.

 탐구하기

1. 황표정사는 어떤 제도인가요?

요즘 사람은

사육신공원에 가다

▶ 사육신공원은 단종을 다시 왕위에 오르게 하려다 죽은 여섯 충신을 모신 곳입니다. 그런데 이곳에는 여섯 분이 아니라 일곱 충신이 모셔져 있습니다. 왜 그렇게 되었는지 알아봅시다.

전철을 타고 노량진역에서 내려 한참 가다보니 사육신공원 입구가 보였다.

"그런데 사육신은 어떻게 무덤이 같은 곳에 있어요? 옛날에는 자식이 고향에 무덤을 만들어서 묻어준다고 들었는데"

"응, 그것은 세조가 사육신들뿐만 아니라 그 자식도 모두 죽였기 때문에 시체를 묻어줄 사람이 없었단다. 또 그 시체를 묻어주는 사람은 죽이겠다고 했으니 겁이 나서 누가 묻어주겠니? 그런데 생육신인 김시습이 밤에 몰래 시신을 모아 이곳에 묻어준 거란다."

사육신 사당-서울 동작

사육신공원 안으로 들어가니 사당이 보였다. 사당 문은 열려 있었는데, 앞에는 커다란 향로가 놓여있었다. 엄마랑 나도 다른 사람처럼 향로 옆에 있는 향을 하나 들고 불을 붙여서 향로에 꽂고 두 손을 모아 절을 했다. 그런데 위패 일곱 개가 놓여 있었다. 사육신이라면 분명히 여섯 개가 있어야 할 텐데 다시 세어보아도 일곱 개였다.

"사육신은 여섯 사람인데 왜 위패가 일곱 개 있어요?"

"원래 사육신은 박팽년, 성삼문, 이개, 하위지, 유성원, 유응부를 가리키는 건데 김문기라는 분이 새롭게 모셔진 거란다. ≪조선왕조실록≫에는 유응부 대신 김문기가 사육신이었다고 적혀있데. 그래서 남효온이 쓴 ≪육신전≫에 적혀있는 여섯 분과 ≪조선왕조실록≫에 나와 있는 김문기까지 포함해서 일곱 사람을 같이 모시게 되었다는 구나."

"그렇지만 사육신이면 여섯 사람이어야죠. 일곱 사람이면 사칠신이라고 불러야 맞잖아요."

"글쎄, 명칭을 바꾸는 것은 조금 더 생각해 봐야 하는 문제이지 않을까?"

엄마 이야기를 들으니 어떻게 하는 것이 맞는지 나도 고민이 되었다.

생각하기

1. 사육신이라고 불러야 할까요? 사칠신이라고 불러야 할까요? 자기 생각을 써 보세요.

60

경국대전을 펴낸

성종

(1457년~1494년, 조선 9대 임금)

🔊 역사 연대기

1467년 이시애가 난을 일으킴
　　　　일본에 전국시대가 시작됨

🔊 학습목표

1. 성종에 대해서 알 수 있다.
2. ≪경국대전≫에 대해서 알 수 있다.
3. 법에 대해서 생각할 수 있다.
4. 인치와 법치에 대해서 생각할 수 있다.

유교 나라를 든든히 세운 성종

　세조가 죽자 예종이 왕위에 올랐으나, 다음해에 죽고 말았습니다. 예종에게 뒤를 이을 아들이 없었기 때문에 자을산군이 임금이 되었습니다. 바로 성종입니다.

　왕위에 오른 성종은 나이가 겨우 열세 살이었기 때문에 7년 동안은 대왕대비가 수렴청정을 하다가 스무 살이 되어서야 직접 정치를 맡아했습니다.

　이때 조정은 세조를 임금으로 받들어 올린 훈구파가 권력을 잡고 있어서 임금은 힘이 약했습니다. 신하에게 휘둘리는 일이 많았습니다. 그래서 성종은 자기 말을 잘 들을 수 있는 신하를 새로 많이 맞아들였습니다. 이를 사림파라고 부르는데, 유교를 바탕으로 해서 덕으로 백성을 다스리는 '도학정치'를 펴려는 사람이었습니다. 그 동안 권력을 잡고 있던 세력인 훈구파를 밀어내려고 했습니다. 성종은,

　"조선을 완전한 유교국가로 만들기 위하여 그동안 남아있던 불교 풍습들을 모두 없애도록 하라."

라며 불경을 번역해 책으로 만드는 관청인 간경도감을 없애버렸습니다. 더 이상 나라에서 불경을 만들지 못하도록 했으며, 양반집 여자는 승려가 될 수 없게 엄하게 다스렸습니다. 그리고 한양성 안에 있는 절을 모두 내쫓고 헐어버렸습니다. 승려에게 증명서를 만들어주는 제도인 '도첩제'도 없앴습니다. 승려가 되면 세금을 내지 않아도 되었는데, 도첩제가 없어지자 그런 혜택도 없어져버렸습니다.

　성종은 새벽까지 책을 읽는 것으로 유명했습니다. 공부를 좋아했던 성종은 유교에서 가르치는 것을 깊이 깨우쳤습니다. 유교를 바탕으로 나라를 다스리면 평화로운 세상이 될 것이라고 믿었습니다.

유교를 담은 학문인 유학을 발전시키기 위해 국립대학인 성균관 안에다 책방인 '존경각'을 세웠습니다. 이곳에 왕실이 가지고 있던 책을 옮겨 놓아서 선비가 쉽게 볼 수 있게 했습니다. 그리고 성균관과 지방학교인 향교에서 선비가 공부를 할 수 있도록 책과 땅을 나누어 주었습니다.

동국여지승람

또 유교 학문을 담은 책인 ≪동국여지승람≫ ≪동국통감≫ ≪국조오례의≫와 유교식 음악연주법을 담은 ≪악학궤범≫ 등도 펴냈습니다. 유교 책을 더 편하고 많이 찍어내기 위해 구리로 만든 글자인 '갑진자' 30여 만 자를 만들었습니다. 그 덕분에 인쇄술이 더욱 발전해 책을 더 빨리 더 많이 만들 수 있게 되었습니다.

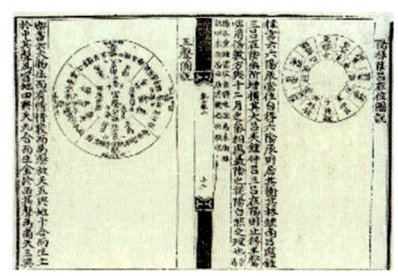
악학궤범

성종은 앞선 임금이 해오던 법과 제도를 정비해 나라를 더욱 든든하게 다졌습니다.

조선이 세워 질 때부터 만들기 시작한 법을 덧붙이고 다듬어서 반포했습니다. 이것이 ≪경국대전≫입니다.

≪경국대전≫이 만들어지자, 조선은 나라를 다스리는 뜻이 더욱 바로 서게 되었고, 제도도 더욱 안정되었습니다.

또 성종은 관리가 관직에서 물러난 뒤에 편히 살기 위해 농민에게서 세금을 많이 거두고 토지를 빼앗는 일이 많아지자, 국가가 농민에게서 직접 세금을 거두어들인 다음, 관리에게 녹봉을 주는 '관수관급제'를 펼쳤습니다. 그러자 농민도 더욱 살기 좋아졌습니다.

탐구하기

1. 성종 때 만들어진 법전은 무엇인가요?

그때 사람은

엄격한 법으로 나라를 다스려요

　≪경국대전≫은 조선이 세워지고 1백여 년이 지난 다음에 완성된 법률입니다. 그 전에도 법이 있었지만, 명나라 법을 많이 따랐기 때문에 조선 사람이 살아가는 현실에 맞지 않았습니다.

　고려 시대에 있던 법은 죄 지은 사람을 어떻게 벌 줄 것인가를 정한 것이 대부분이었는데, ≪경국대전≫에는 나라와 백성을 다스리는 데에 필요한 규칙과 제도가 모두 들어있었습니다.

　≪경국대전≫에는 아들이나 손자, 아내 또는 노비가 부모나 주인이 잘못한 일을 관가에 고발하면 부모나 주인이 반역을 한 것이 아니라면 고발한 사람을 사형에 처한다는 내용이 있습니다. 이것은 자식이나 부인은 부모나 남편을, 노비는 주인을 함부로 대하지 못하도록 하려는 법입니다.

　그리고 관청이나 다른 사람에게 빚을 진 사람이 죽었다 하더라도 남아있는 가족에게 재산이 있으면 그 빚을 갚아야 한다고 정해두었습니다. 돈을 빌려준 사람이 받지 못해서 입는 피해를 없애기 위한 법입니다. 하지만 남은 사람에게 재산이 없다면 갚지 않아도 되는데, 이것은 죽은 사람 빚 때문에 산 사람이 고통 받는 일을 막기 위한 법입니다.

　결혼할 수 있는 나이도 법으로 정했는데, 남자는 열다섯 살, 여자는 열네 살이 되어야 결혼을 할 수 있게 했습니다. 그리고 부인이 죽은 남자는 3년이 지나야 다시 결혼을 할 수 있도록 했습니다. 그러나 여자는 남편이 죽으면 다시 결혼을 할 수는 있었지만, 다시 결혼한 여자가 낳은 자식은 관리가 될 수 없도록 했습니다. 이 것은 남편이 죽으면 다시 결혼하지 말라는 뜻을 닮은 법입니다.

살아있는 인물 열어가는 역사

 또 땅이나 집, 또는 노비를 사거나 팔고나서 15일이 지나면 다시 물리지 못하며, 100일 안에 관청에 신고해 확인서를 받아야 한다는 내용도 있습니다. 백성이 물건이나 땅을 서로 사고 팔 때 피해를 입지 않도록 정한 것입니다.

 그리고 돈을 빌려줄 때 서로 지켜야하는 규칙도 정해 두었는데, 물건이나 땅을 맡기고 돈을 빌렸을 때에는 한 달 이자를 3% 넘게 받지 못하도록 했습니다. 아무리 형편이 어려워서 돈을 빌렸다 하더라도 너무 많은 이자를 물게 되면 아무리 노력해도 빚을 줄이기는커녕 더 늘기만 할 것이기 때문입니다.

 ≪경국대전≫이 완성되자, 무슨 일이 있을 때마다 관리가 알아서 정한대로 벌을 주는 일이 없어지고 법에 따라서 벌을 주거나 상을 주는 일을 결정할 수 있게 되었습니다. 사람 마음대로 다스리는 인치(人治)에서 법으로 다스리는 법치(法治)로 바뀐 것입니다.

 또 지방 관리가 ≪경국대전≫에서 정한 대로 다스리게 되자, 백성이 차별을 받지 않게 되었습니다. 누구에게나 공평하게 법을 적용하게 되자, 불평도 없어졌습니다.

 우리나라가 중국식 제도와 법을 따라하지 않고, 우리나라에 맞는 법과 제도를 자리 잡게 할 수 있었던 것도 ≪경국대전≫ 덕분입니다.

 탐구하기

1. 인치와 법치는 각각 무슨 뜻인가요?

인치 :

법치 :

127

법에서 정한 대로만 해야 하나요?

≪경국대전≫이 만들어지면서 조선도 법으로 다스리는 것이 자리 잡았는데 꼭 법으로만 나라를 다스려야 하는지에 대해서 생각해 봅시다.

옛날에도 법으로 나라를 다스렸지만, 지금은 더 많은 법이 있습니다.

지금도 사람을 다치거나 죽이면 큰 벌을 받게 된다는 법이 있습니다.

하지만 법으로만 모든 사람을 공평하게 다스릴 수는 없습니다.

어떤 사람 집에 도둑이 들었습니다.

주인은 무서웠지만, 목숨처럼 아끼는 물건을 도둑이 훔쳐 가는 것을 그대로 볼 수가 없었습니다.

그래서 도둑을 쫓아갔습니다.

그 집 아들도 같이 도둑 뒤를 쫓았습니다.

길을 가로 질러 뒤쫓아 가던 주인은 달려오던 차에 치여 그만 죽고 말았습니다.

아들은 도둑질에다가 아버지까지 죽게 한 도둑을 그냥 둘 수 없었습니다. 끝까지 뒤쫓아 갔습니다.

거의 따라 잡히게 된 도둑은 도망치다 말고 돌아서서 아들에게 칼을 휘둘렀습니다. 아들은 칼을 이리저리 피하다가 길가에 있던 옆에 있던 화분을 도둑에게 던졌습니다.

화분은 도둑 머리에 맞았고, 도둑은 그 자리에서 죽고 말았습니다.

이 이야기를 법 그대로 한다면 아들은 사람을 죽였으니 큰 벌을 받아야합니다. 하지만 아들은 도둑이 칼을 휘둘렀으므로 가만히 있다가는 죽을 수도 있었기 때문에 도둑과 맞서 싸운 것이고 화분을 던진 것이므로 법에서 정한대로 벌을 받게 해서는 안 될 것 같습니다.

1. 여러분이 판사라면 주인 아들을 어떻게 할 것 같은가요? 자기 생각을 써보세요.

15. 왕권을 강화하고 거란을 막아냄

고려 네 번째 임금인 광종이 '과거제'를 실시하고, 관직 높이에 따라 옷을 다르게 입는 '사색공복제'를 시행하자, 떨어진 왕권이 다시 높아졌다.

고려는 송나라와 사이좋게 지냈으나, 거란과는 사이가 좋지 않았다. 성종 12년인 993년에 소손녕이 이끄는 거란군이 쳐들어오자, 서희가 거란장수 소손녕과 담판을 지어 홍화진, 통주, 귀주, 곽주, 용주, 철주, 이렇게 강동6주를 얻었다. 그러나 고려가 약속을 지키지 않자, 소배압이 10만을 이끌고 쳐들어 왔다. 하지만 강감찬이 귀주에서 물리쳐버렸다.

고려에는 과거를 보지 않고 벼슬에 오르는 음서제도도 있었는데, 한 사람이 권력을 잡으면 자기 세력을 음서로 등용해 모든 벼슬을 독차지했다. 인종 때 이자겸은 음서를 통해서 아무도 넘볼 수 없는 권력을 차지했다. 인종이 몰아내려고 하자, 먼저 난을 일으켰다. 난은 진압했으나, 왕권이 더욱 땅에 떨어지고 말았다.

그때 묘청이 서경 천도를 주장했다. 김부식을 중심으로 한 개경세력은 자기 권력을 잃게 되는 것이 두려워 반대했다. 천도가 무산되자, 묘청이 서경에서 군대를 일으켰다. 김부식을 사령관으로 한 진압군에게 묘청이 패하면서 서경천도는 실패했고, 고려는 더 이상 고구려 영토를 되찾으려는 생각을 하지 않게 되었다.

16. 무신 정변과 천민 봉기

묘청을 물리치고 김부식이 권력을 잡자, 무신은 더 푸대접을 받았다. 어린 문신인 한뢰가 나이 많은 무신인 이소응 뺨을 때리기도 하고, 김부식 아들인 김돈중이 촛불로 대장군인 정중부 수염을 장난삼아 태우는 일도 일어났다. 분노한 무신이 정변을 일으켰다. 이의방, 정중부, 경대승, 이의민, 최충헌으로 이어가며 권력을 차지했다.

신분이 낮았던 무신이 권력을 잡자, 12세기 중반부터 천민과 농민도 차별과 억압에 반발해서 들고 일어났다. 무신 정권에 반대하는 조위총이 일으킨 난에 가담했던 농민이 일어나 5년 동안이나 저항했다. 명종 때에는 공주 명학소에서 향, 소, 부곡을 차별하지 말라며 망이, 망소이가 일어났고, 경상도에서는 김사미와 효심이 일어났다. 최충헌 집 노비였던 만적은 "왕후장상은 씨가 따로 없다."며 들고일어나려다 발각되어 죽임을 당했다.

17. 몽골에 맞선 백성

13세기에 몽골고원에서 힘을 키운 몽골은 고려에 온 몽골사신 '저고여'가 돌아가는 길에 죽는 사건이 일어났다. 몽골은 이를 트집 잡아 1231년인 고종 18년부터 30여 년 동안 일곱 차례에 걸쳐 고려로 쳐들어 왔다.

강화도로 피난을 간 지배층은 호화롭고 사치스러운 생활을 하며 백성을 수탈하고 공사에 강제로 동원시켰으나, 육지에 있던 백성은 끈질기게 몽골과 맞서 싸웠다. 김윤후는 백성과 승려를

> 역사를 짚고 가요

이끌고 용인에 있는 처인성에서 몽골장군 살리타를 죽였다. 5차 침입 때는 충주성에서 노비문서를 불태우고 노비해방을 외치며 백성과 노비를 이끌고 물리쳤다.

6차 침입 때는 충주 다인철소에서 몽골군을 물리쳤으나, 20여만 명이나 되는 백성이 포로로 잡혀갔다.

전쟁이 길어지고 지배층이 분열되자, 몽골과 강화를 맺었다. 고려 조정은 개경으로 돌아갔으나, 삼별초는 배중손을 중심으로 진도와 제주도에서 3년 동안 몽골에 맞서 싸웠다.

몽골제후국이 된 고려왕은 원나라 공주와 결혼했고, 임금 이름도 몽골에 충성한다는 뜻으로 '충'자를 붙여 충렬왕, 충선왕, 충숙왕, 충혜왕, 충목왕, 충정왕이라고 불렀다. 몽골이 일본을 정벌할 때는 군대와 군량, 군함도 바쳤고, 공녀와 금, 인삼, 매 같은 특산물도 바쳤다.

또 쌍성총관부를 설치해 철령 이북 땅을 차지했으며, 다루가치가 고려를 간섭했다. 친원파 권문세족이 노비와 토지를 독차지하자, 백성은 더욱 살기 힘들어졌다.

18. 원에서 벗어나려한 공민왕

14세기가 되자, 원나라는 혼란에 빠져들었다. 충정왕을 이은 공민왕은 원나라로부터 벗어나기 위해 개혁정책을 펼쳤다. 이제현과 신돈을 등용해 정방을 없애고, 왕세자에게 경학을 가르치는 서연을 다시 열었다. 변발과 호복을 금지하고, 통치제도를 몽골 침입 이전으로 되돌렸다. 전민변정도감을 설치해 권문세족에게 빼앗긴 토지를 돌려주었다. 억울하게 노비가 된 사람을 풀어주었다.

이색, 정몽주, 정도전을 등용하고 성균관을 다시 세워서 신진사대부를 키워냈다. 고려를 간섭하던 정동행성을 폐지하고, 쌍성총관부를 공격해 철령 북쪽 땅을 되찾았다. 그러나 신돈이 권문세족에게 탄핵을 받아 제거되고 공민왕이 시해되면서 개혁은 힘을 잃고 말았다.

19. 왜구를 물리치다.

고려 말 바닷가에는 왜구가 침범해 백성을 괴롭혔다. 공민왕 때 115차례, 우왕 때 378차례나 침입한 왜구를 막기 위해 공민왕은 수군을 다시 만들었다. 우왕 때에는 화약과 화포를 만드는 관청인 화통도감을 세웠다.

1376년에는 연산 개태사를 침범한 왜구를 홍산에서 최영이 물리쳤다. 1380년에는 최무선이 만든 화포로 금강 하류에 있는 진포(서천)에서 500여 척이나 되는 왜구 배를 불태웠다. 이성계는 진포에서 패배한 왜구가 함양, 남원 등에서 약탈을 하자, 황산에서 적장을 죽이고 왜구를 전멸시켰다.

20. 위화도 회군과 조선건국

홍건적과 왜구를 물리치고 공을 세운 최영과 최무선, 그리고 이성계가 권력을 잡았다.

중국 땅에 새로 세워진 명나라가 쌍성총관부 자리에 철령위를 세워서 자기 영토로 삼으려 하자, 최영과 우왕은 이성계에게 요동을 정벌하라고 보냈다. 압록강에 있는 위화도에서 군대를 돌려 돌아온 이성계는 우왕을 폐위하고, 최영을 귀양 보냈다. 고려에 충성을 다하던 정몽주가 죽임을 당하자, 공양왕은 1592년에 이성계에게 왕위를 물려주었다. 475년을 내려온 고려가 망하고 조선이 건국되었다.

21.신도시 한양

공양왕으로부터 왕위를 물려받은 이성계는 나라 이름도 바꾸지 않고, 도읍도 개경으로 했으나, 민심이 자기편으로 돌아서지 않자, 나라 이름을 조선으로 바꾸었다. 도읍도 한양으로 옮겼다.

한양은 나라 가운데 자리 잡고 있어서 한강을 통해 지방에서 거두어들인 세금을 운반하기 편했다. 또 북악산, 인왕산, 남산, 낙산이 둘러싸고 있어서 외적도 막기 쉬웠다. 이 산을 이어서 성곽 18킬로미터를 쌓았다.

궁궐을 경복궁으로 정하고, 궁궐 남문은 광화문, 북문은 신무문, 동문은 건춘문, 서문은 영추문이라고 붙였다. 좌묘우사 원칙에 따라 경복궁 왼쪽에 역대 왕과 왕비 위패를 모시는 종묘를, 오른쪽에 토지신과 곡식신을 모시는 사직단을 만들었다.

도성에는 가운데에 보신각을 세우고, 4대문과 4소문을 만들었다. 4대문 가운데 동쪽문은 흥인지문, 서쪽문은 돈의문, 남쪽문은 숭례문, 북쪽문은 숙정문이고, 4소문은 동북쪽은 혜화문, 서북쪽은 창의문, 동남쪽은 광희문, 서남쪽은 소의문이다.

경복궁 정문인 광화문 앞에 남북으로 뻗은 거리는 6조 거리로, 의정부와 이조, 호조, 예조, 병조, 형조, 공조 등 6조와 한성부, 포도청을 비롯한 관청이 들어섰다.

22.한글창제와 빛나는 과학시대

세종은 백성이 알기 쉬운 글자로 번역해서 삼강오륜을 읽히면 성리학이 널리 퍼질 것이고, 글자를 쉽게 읽고 쓸 수 있을 것이라 여겼다. 그래서 1443년에 28자로 된 훈민정음을 만들었다. 집현전에서 연구한 다음, 1446년에 반포했다.

훈민정음으로 '용비어천가', '삼강행실도' 등을 펴내고, 불경, 농업서적, 군사학문인 병서, 의술서 등을 번역해서 펴냈다.

또 농업을 발전시키기 위해 동래관아 노비인 장영실을 등용해서 '측우기', '앙부일구', '자격루', '혼천의', '간의', '수표', '풍기'를 비롯한 여러 천문관측기구를 만들고, 우리 실정에 맞는 달력인 '칠정산 내편'을 만든 다음, 아라비아 책력을 참고해 '칠정산 외편'을 만들었다. 농사법인 '농사직설'도 펴냈다. 구리 활자인 갑인자를 이용해 활발하게 책으로 편찬했다.

태종 때 만든 세계지도인 '혼일강리역대지도'에 이어서 세종 때에는 전국지도인 '전국도'를 만들고, 성종 때에는 지리정보를 담은 '동국여지승람'을 편찬했다.

> 역사를 짚고 가요

23.조카에게서 왕위를 빼앗은 계유정난

문종이 2년 3개월 만에 승하하자, 12살인 세자가 왕위에 올랐다. 수렴청정을 할 대비나 대왕대비가 없었기 때문에 황보인과 김종서가 나랏일을 맡아서 돌보았다. 뽑고 싶은 관리 이름 위에 노란 점을 찍으면 그 위에 임금이 까만 점을 찍어서 정하는 '황표정사'를 했다.

김종서와 황보인이 나랏일을 마음대로 하는 간신이라며, 한명회, 권람 등과 함께 수양대군이 '계유정난'을 일으켰다. 단종을 상왕으로 봉하고 왕위에 올랐다.

상왕을 다시 임금으로 세우려는 사건이 일어나자, 성삼문, 박팽년, 하위지, 이개, 유성원, 유응부, 이렇게 사육신을 비롯해 70여 명을 죽였다. 상왕도 노산군으로 내려앉혀 강원도 영월로 유배를 보냈다.

그런데 순흥에 귀양 가 있던 금성대군이 노산군을 복위시키기 위해 군사를 모으자, 노산군에게 사약을 내렸다. 노산군 시신을 거두는 사람에게는 벌을 내린다고 했으나, 영월에서 호장 벼슬을 하던 엄홍도가 아들과 함께 자기 선산에 묻고는 어디론가 떠나버렸다.

24.유교 통치 철학을 담은 경국대전

조선은 유교인 성리학으로 다스리는 나라였다. 성리학은 '인간이 품은 성품이 세상을 다스리는 이치'라는 말인 '성즉리(性卽理)'에서 나온 것이다. 중국 송나라 시대에 주희(주자)가 완성한 학문인데, 고려 충렬왕 때 안향이 원나라에서 《주자전서》를 베껴오고, 공자와 주자 초상화를 들여와서 널리 퍼트렸다.

성리학이 빨리 퍼진 까닭은 성균관에서 공부한 신진사대부가 고려를 바로 세우기 위해서 적극 받아들였기 때문이다. 신진사대부에 의해서 조선이 건국되자, 성리학이 자연스럽게 통치이념이 되었다. 성리학을 통치로 펼치기 위해서는 성리학을 담은 법을 만들어야했다. 그 동안에는 명나라 법률인 대명률로 다스렸으나, 우리 실정에 맞지 않았다. 그래서 법률을 정한 경국대전을 만들었다.

성종 때 완성된 경국대전에는 처자식이나 노비가 가장이나 주인을 고발하면, 주인이나 가장이 반역을 저지른 것이 아니라면 고발한 사람을 사형에 처한다고 되어있다. 그리고 다른 사람에게 빚을 진 사람이 죽더라도 남은 가족에게 재산이 있다면 빚을 대신 갚아야한다거나, 남자는 열다섯, 여자는 열네 살이 되어야 결혼 할 수 있다거나하는 등, 백성을 다스리는 데에 필요한 규칙과 제도가 모두 담겨있었다.

BM 성안당

역사를 논술로, 논술을 역사로
역사 공부는 생각하는 힘과 논리를 키워줍니다.

논리로 배우는 역사 논술 시리즈 [한국사]

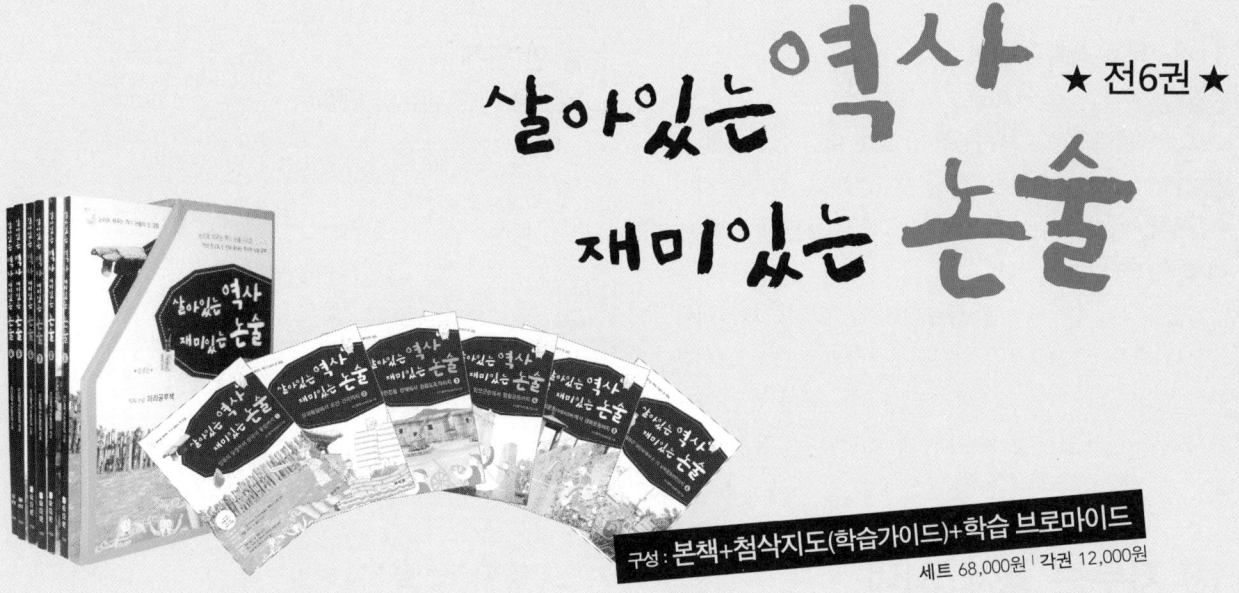

살아있는 역사 재미있는 논술 ★전6권★

구성 : 본책+첨삭지도(학습가이드)+학습 브로마이드
세트 68,000원 | 각권 12,000원

- **01** 인류 등장에서 삼국통일까지 (지도로 찾아보는 우리 나라 국보와 보물)
- **02** 삼국통일에서 조선 건국까지 (세계 역사를 한눈에 보는 역사 연대표)
- **03** 훈민정음 창제에서 강화도조약까지 (우리 나라 역대 왕조와 역사 인물 99인)
- **04** 임오군란에서 항일운동까지 (지역별로 알아보는 유물과 유적)
- **05** 항일운동(자유시참변)에서 광복운동까지 (한국과 세계에서 일어난 주요 역사 사건)
- **06** 일본군 '위안부'의 눈물에서 6·15 남북공동선언까지 (한국사와 세계사에 등장하는 역사 인물 비교)

논리로 배우는 역사 논술 시리즈 [세계사]

살아있는 세계사 재미있는 논술 ★전4권★

- 세계의 역사 사건을 탐구하고 해석합니다.
- 세계사의 흐름을 시기별로 나누어 논리적으로 연결지어 봅니다.
- 세계 여러 나라, 같은 시기에 일어나는 사건과 인물들을 한눈에 보여 줍니다.

책의 구성	논술 공부하기	학습 브로마이드
01 고대편	논술 개념 익히기	유네스코 세계문화유산 목록
02 중세편	비교·분석형 논술문 쓰기	세계 역사를 한눈에 보는 역사 연대표
03 근대편	비교·분석형 논술문 쓰기	세계 주요 인물(동양편) (출간예정)
04 현대편	문제 제시형 논술문 쓰기	세계 주요 인물(서양편) (출간예정)

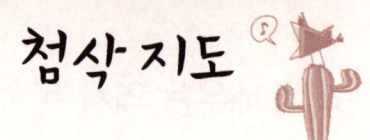

5. 어려움을 극복할 방법
예시 답안

부모님이 반대하시는 그 마음은 알지만, 내가 평생 일할 직업만큼은 '내가 좋아하는 일'을 하고 싶다고 설득할 것이다. 아직 시간은 많으니까 요리사가 되고 싶은 내 꿈에 대해 말씀드릴 기회는 많다.

고등학교까지는 해야 할 공부가 많아 힘들겠지만, 어학 공부는 대학에 가서 본격적으로 시작하면 된다고 생각한다. 지금은 요리 관련 자료와 다양한 외국 문화 관련 자료를 꾸준히 관심 있게 찾아본다면 내 꿈은 이루어질 것이다.

18 저무는 중세 시대

탐구하기 186쪽
- 화약이 들어와 기사 계급이 몰락하였다.
- 도시가 성장하였다.
- 흑사병으로 많은 사람이 죽었다.
- 십자군 전쟁이 실패하였다.
- 교회가 분열되면서 약해졌다.
- 왕권이 강해졌다.

해석하기 187쪽
쥐에 붙어사는 벼룩이 쥐의 피를 빨아먹고는 사람에게 붙어서 병균을 옮겼기 때문이다.

토론하기 188쪽
예시 답안

흑사병 때문이다. 흑사병으로 많은 사람들이 죽자 일손이 부족해져, 영주들이 경제 기반을 잃고 말았다. 그리고 흑사병으로 죽은 성직자들 자리에 능력 없는 사람들이 앉게 되자 사람들이 교회를 믿지 않게 되었다.

역사에 비추어 보는 세계 189쪽
생각 열기

사스, 콜레라, 조류 독감, 장티푸스, 에이즈, 감기 등

논술 한 단계 191쪽
1. 예문에 대한 장점과 단점

	예문 1	예문 2
장점	(1) 몸이 튼튼해진다. (2) 운동을 잘하게 되어서 친구들에게 인기가 좋아진다.	(1) 약으로 병을 쉽게 고칠 수 있다. (2) 좋은 약을 많이 먹어서 몸이 건강해진다.
단점	(1) 운동만으로 막을 수 없는 병에 걸리면 생명이 위험해진다. (2) 운동만 하느라고 공부나 친구 사귀는 것같이 다른 것을 못하게 된다.	(1) 약을 많이 먹으면 병에 대한 저항이 더 약해질 수도 있다. (2) 약을 너무 많이 먹으면 밥을 적게 먹게 되니까 몸이 더 안 좋아질 수도 있다.

2. 건강을 지키는 올바른 방법

몸이 약한 사람이 운동을 하면 튼튼하고 건강해진다. 하지만 운동으로 건강해지는 데는 시간이 많이 걸리고 힘도 많이 든다. 그럴 때는 몸에 필요한 영양분이나 면역을 키우기 위한 약을 먹으면 좋다. 그렇다고 약만 먹고 운동을 하지 않으면 건강해질 수가 없다.

날마다 운동을 할 수 없다면 일주일에 몇 번이라도 하면 안 하는 것보다는 좋다. 공부나 다른 일 때문에 시간이 없어도 쉬는 시간에 뛰어놀면 운동이 많이 될 것이다. 체육 시간에도 열심히 운동을 하면 좋을 것 같다.

모난돌 역사논술교사 양성과정 모집

● **정규 과정** 정규과정/주말과정

● **참가 신청 및 문의**
02) 508-7550(모난돌학교)
http://cafe.daum.net/monandolhakkyo

● **수료 혜택**
1. 〈모난돌역사논술교육원〉 브랜드 사용
2. 〈모난돌역사논술교육원〉 스티커 제공
3. 〈모난돌역사논술교사〉 명함 지급
4. 입문반 교육 이수자는 심화반 연수 참가 자격

17 중세 일본, 막부 시대

탐구하기 174쪽

나라에서 백성들에게 농사 지으라고 나누어 줄 토지가 모자라 새로운 토지를 개간한 사람에게 그 토지를 주는 법률을 만들었다. 힘 있는 사람들과 절에서 이 법을 악용해 백성들에게 대규모로 토지를 개간하게 하여 사유지를 넓혀갔기 때문이다.

탐구하기 175쪽

쇼군 임명권

탐구하기 176쪽

농민과 무사를 구분하여 신분을 차별했다. 농민에게서 무기를 몰수해 반란을 막고, 직업 군인인 무사에게 뛰어난 전술을 익히게 해 전투력을 높이기 위해서였다.

해석하기 177쪽

예시 답안

▶ 일본 전국을 통일한 세 명의 영웅 가운데 마음에 드는 사람을 고르고, 왜 마음에 드는지 그 까닭을 쓰면 됩니다.
오다 노부나가는 뛰어난 전술과 직업 군인제로 강한 군대를 만들어 전국 시대를 마감하고 통일을 위한 기초를 마련했다. 보잘 것 없는 출신인 도요토미 히데요시도 크게 키운 것을 보면 신분에 얽매이지 않았다는 것을 알 수 있다.

토론하기 178쪽

예시 답안

▶ 일본 봉건 사회와 크리스트교 교리에 대해 이해하고, 크리스트교 추방령이 내린 까닭을 생각해 보면 됩니다.
무사가 관리 역할을 하는 봉건제 사회에서 크리스트교는 장애물이었다. 상급자에 대한 충성이 약해져서 명령 체계가 무너질 것이 뻔했기 때문이다.

역사에 비추어 보는 세계 179쪽

생각 열기

▶ 일본에 장수하는 기업이 많은 까닭에 대해 생각해 보고 쓰면 됩니다.
기술을 소중하게 여기는 분위기가 자연스럽게 가업을 잇도록 했고, 본업을 지키면서도 변화에 신속하게 대처하였고, 고객들로부터 신뢰를 잃지 않기 위해 끊임없이 노력한 결과다.

논술 한 단계 181쪽

1. 예문의 세 인물들이 성공한 까닭

불리한 조건(불우한 어린 시절, 전공 분야도 아닌 업무, 체육 선수로서 불리한 신체)이었지만, 끊임없이 공부하고 노력해서 최고가 되었다.

2. 장래 희망

예시 답안

세계적인 요리사가 되고 싶다.
왜냐하면, 먹는 것을 좋아하고 어쩌다가 내가 요리를 하면 가족들이 다 맛있다고 한다. 요리하는 것이 즐겁고, 다른 나라 요리도 만들어 보고 싶다.

3. 장래 희망을 위한 노력

예시 답안

요리 전문 고등학교도 있다고 하는데, 일반 고등학교를 가고 싶다. 고등학교까지는 가족과 함께 생활하면서 동네 친구들과 어울리면서 공부하고 싶다. 대학을 요리 혹은 식품 관련 학과(호텔 조리학과, 조리과학과, 식품영양학과 등)로 가서 공부해도 늦지 않다고 생각한다. 내가 원하는 대학에 입학하기 위해서 지금 해야 할 것은 오로지 '공부'다. 성적이 좋아야 내가 배우고 싶은 공부도 할 수 있기 때문이다. 학교 공부도 중요하지만, 세계 유명 요리를 배우기 위해서는 외국어 공부도 해야 한다.

4. 꿈을 이루는 데 어려운 점

예시 답안

부모님은 내가 요리사가 되면 주방에서 불을 사용하기 때문에 불에 델 수도 있고, 칼을 사용하다가 상처를 입을 수도 있고, 아침에 출근해서 저녁에 퇴근하는 회사원들과는 달리 밤늦게까지 일을 해야 하므로 많은 불편이 있다고 반대하신다. 또 영어 공부도 벅찬데 프랑스어나 이탈리아어까지 공부하려면 벅찰 것이다.

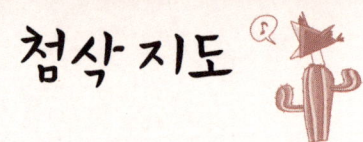

탐구하기 166쪽

가보지 못한 동양에 대한 호기심으로 이 책을 읽은 많은 유럽 사람들이 동양에 대해 관심을 가지기 시작했고, 콜럼버스 같은 탐험가들은 동방으로 직접 떠나기 시작했다.

해석하기 167쪽

▶ 몽골 제국이 동양과 서양에 미쳤던 영향에 대해 생각해 보고 자기 생각을 쓰면 됩니다.

몽골 제국은 상인들이 다니는 길을 안전하게 지켜 주면서 나라 사이 무역을 크게 번창시켜 동서로 이어지는 비단길, 사막길, 바닷길로 많은 물건들을 오가게 했다. 이런 교류 덕분에 유럽은 이전까지 무섭게만 여겼던 몽골을 호화롭고 화려한 나라로 보게 되었고, 유럽 선교사를 비롯한 많은 사람들이 몽골로 가기 위해 탐험을 떠났다. 이런 가운데 동양에서 종이와 인쇄술, 화약과 화기, 나침반이 전해지면서 유럽에서 일어난 르네상스에도 큰 영향을 주었다.

토론하기 168쪽

예시 답안

▶ 작은 부족이었던 몽골 제국이 어떻게 강력한 몽골 제국이 될 수 있었는지에 대해 생각해 보고 자기 생각을 쓰면 됩니다.

칭기즈 칸이 나라를 다스린 통치 방법 덕분이었다. 칭기즈 칸은 분열된 종족을 통일하기 위해 씨족을 해체하고 군대를 조직했다. 칭기즈 칸은 군인들을 능력으로만 평가했고, 인종이나 신분을 차별하지 않고 대했다. 정복지에서 약탈한 물건은 공평하게 나누어 군사들 불만을 줄였다. 이런 통치 방식은 백성들 지지를 얻었고, 몽골 제국을 강하게 하는 바탕이 되었다.

역사에 비추어 보는 세계 169쪽

생각 열기

▶ 약탈자에서 새로운 영웅으로 평가받고 있는 칭기즈 칸에 대해 생각해 보고, 그 까닭에 대해 자기 생각을 자유롭게 쓰면 됩니다.

칭기즈 칸이 제국을 통치한 방식이나 사람에 대한 여러 가지 방법들이 현대 사회에 필요한 리더십이나 갖추어야 할 모습으로 새롭게 평가되고 있기 때문이다.

논술 한 단계 171쪽

1. 비교와 대조

	예문 1	예문 2
대조	(1) 저항하면 많은 사람이 죽고 도시가 약탈당하고 파괴되었다. (2) 많은 사람들이 포로로 끌려가거나 다른 전쟁에 이용되었다 (3) 저항 때문에 정복당하지 않은 나라도 있다.	(1) 항복하면 군대에 넣어주고 죽이지 않았다. (2) 그 나라 문화와 종교 전통은 그대로 놓아두었다. (3) 나라 이름을 잃고 몽골 제국에 편입되었다.
비교	몽골 군대 침략을 받았다.	

2. 저항하는 것에 대한 장단점

저항하면 나라를 지킬 수는 있다. 몽골 제국 속국이 되지는 않는 것이다. 그러나 그렇게 나라 자존심을 지키려면 많은 사람들이 죽고 힘든 전쟁을 해야 한다. 또 싸우다가 결국 지면 나라가 망하는 것이다.

3. 항복하는 것에 대한 장단점

항복하면 힘들게 전쟁을 하지 않고 안전하게 보호받을 수 있다. 전쟁을 해서 많은 사람들이 죽는 것보다 나을 수도 있다. 그러나 나라를 빼앗기고 결국 몽골 속국이 되어버리는 것이다. 몽골에 조공을 바쳐야 하고 그들을 섬겨야 한다.

4. 저항과 항복에 대한 자기 생각

나라를 위해서는 싸우는 것이 맞지만 적당한 타협도 필요할 것 같다. 무조건 항복하면 나라를 빼앗기는 것이니까 대항하는 모습을 보여주어 어느 정도 우리가 지켜야 할 것은 얻어내야 한다. 교섭이나 외교를 잘 해서 서로 필요한 것을 얻는 타협도 필요하다.

3. 에스파냐 군인이 주장하는 까닭
사람 목숨은 중요하기 때문이다. 사람을 제물로 바치는 행위는 없애야 하는 풍습이다.

4. 에스파냐 사람들의 행동에 대한 자기 생각
잉카나 아스텍 사람들이 사람을 제물로 바치는 것은 어떻게든 없애야 할 풍습이었다. 아무리 그 사람들 종교와 관련된 중요한 의식이었다 하더라도 사람 목숨은 소중히 여겨져야 한다고 생각한다. 하지만 우리가 다른 나라 문화를 함부로 고치거나 바꾸려고 해서는 안 된다. 다른 나라 문화를 우리가 간섭할 수는 없기 때문이다. 그것에 대해 잘 알지도 못하고 미개하거나 야만스럽다고 결론 내릴 수는 없는 것이다. 그런 풍습을 스스로 고치도록 도와주는 방법을 찾았어야 했다.

15 5대 10국과 송나라

탐구하기 154쪽
국경 지방을 지키는 군인

탐구하기 155쪽
세종

탐구하기 156쪽
절도사라는 군인을 지방으로 보내서 다스린 군사 통치를 폐지하고 문화를 앞세워 나라를 다스렸기 때문이다.

해석하기 157쪽
관리, 지주, 큰 상인같이 힘 있는 세력들이 자기들에게 이익이 줄어들자 반대하였기 때문이다.

토론하기 158쪽
〈예시 답안〉
고려 때문이다. 요나라나 금나라 동쪽에는 송나라와 사이가 좋은 고려가 있었다. 고려로 쳐들어간 요나라가 강감찬 장군에게 패하기도 하였다. 자기들 등 뒤에 강력한 고려가 있으니 함부로 송나라를 칠 수 없었다.

역사에 비추어 보는 세계 159쪽
생각 열기
- 기술을 개발하느라 돈이나 시간을 쓰지 않아도 된다.
- 기술이 없어도 좋은 물건을 쉽게 만들 수 있다.
- 처음에는 다른 나라 것을 베껴야 하지만 만들다 보면 기술이 좋아져서 외국 것보다 더 좋은 물건을 만들 수도 있게 된다.

논술 한 단계 161쪽

1. 예문의 장단점

	예문 1	예문 2
장점	(1) 자동차 만드는 기술이 좋아진다. (2) 더 좋은 기술을 외국에 팔 수도 있다.	(1) 자동차를 쉽게 만들 수 있다. (2) 회사가 이익을 많이 얻는다.
단점	(1) 자동차 회사가 이익을 얻지 못한다. (2) 기술을 개발하는 데 시간이 많이 걸린다.	(1) 영원히 자동차 만드는 기술을 개발하지 못한다. (2) 어느 날 갑자기 외국에서 기술을 주지 않으면 자동차를 만들지 못하게 된다.

2. 기술을 들여오는 올바른 방법
기술이 하나도 없는데 무조건 개발하려고 하는 것은 아주 어렵기 때문에 외국 것을 들여오면 빠르고 쉽게 기술을 알게 되고, 또 물건을 만들다보면 원리도 알 수 있게 될 것이다. 그렇게 외국 것을 다 배운 다음 그것을 바탕으로 하여 더 좋은 기술을 개발해 내면 된다.

16 칭기즈 칸, 가장 큰 나라를 세우다

탐구하기 164쪽
여러 부족들을 통합하고 군대힘을 크게 키우기 위해서이다.

탐구하기 165쪽
농경 생활을 하는 대제국을 통합하여 다스리기 위해 유목 문화를 과감하게 버렸다.

첨삭 지도

지기도 하였다. 그리고 종교와 정치의 영향을 받기도 했다. 예를 들면 불교식으로 화장을 하던 시대에는 뼈항아리가 시대에 따라 모양이 달라지는 것을 볼 수 있다. 그리고 호화로운 색을 쓰던 고려가 망하고 조선 시대에 유교를 장려하면서 청자는 쇠퇴하고 백자가 전국에서 쓰였다. 또 생활 용기는 사회, 문화, 유행, 생활 수준이 반영된 것으로, 귀족과 서민들이 사용하는 자기의 쓰임과 재질이 다르게 만들어졌다.

3. 내가 만든 도자기

○ 과거와는 다르게 쓰일 수 있는 도자기 모양과 무늬를 그려봅니다. 전시용 도자기도 괜찮고, 현재 쓰고 있는 용품을 도자기 형식으로 만들어도 좋습니다.

14 잉카 제국과 아스텍

탐구하기 144쪽
여러 나라와 종족을 통합하여 다스려야 했기 때문에 정복한 나라 백성들이 가지고 있던 문화를 존중하여 원래 믿던 종교를 그냥 믿게 하면서, 잉카 신을 따로 섬기게 하였다.

탐구하기 145쪽
옥수수나 곡식으로 식량을 삼았기 때문에 태양을 중요시 하였을 것이다. 그래서 태양신을 모시고 옥수수를 수확한 뒤에는 태양 축제를 열어 태양신에게 감사하는 제사를 올렸다.

탐구하기 146쪽
싸움을 잘해 전쟁에서 이겨 많은 나라를 정복할 수 있었다. 또 전쟁에서 많은 포로를 잡은 용감한 군인에게는 땅이나 노예, 그리고 높은 지위를 주며 좋은 대우를 해주었기 때문에 군대가 더 강해질 수 있었다.

해석하기 147쪽
○ 잉카나 아스텍 문명이 가지고 있는 불가사의한 점에 대해 왜 그런지 생각해 보고 자기 생각을 쓰면 됩니다.

문자로 기록되어 있지 않아 정확하지 않기 때문이고, 당시 기술로는 만들기가 어려운 건축물들이 있으며, 무엇을 위해서 만들었는지 알 수 없는 유물이나 독특한 문화재도 많다. 또 역법에 대해 깊이 연구하고 제물을 바치는 의식을 치중한 것 등 다른 문화와 다르게 신비스럽고 독특한 것이 많기 때문이다.

토론하기 148쪽
예시 답안
○ 중남미 문명이 4대 문명지가 되지 못한 이유에 대해 자기 생각을 자유롭게 쓰면 됩니다.

잉카나 마야, 아스텍 문명을 파괴한 사람들은 서양 사람들이었다. 이들은 자신들이 문명을 파괴한 것을 감추기 위해 그곳에 있던 사람을 제물로 바치던 의식 같은 것을 미개하고 야만스러운 문명이라고 과장하였다. 서양 사람들이 자기들 마음대로 역사를 판단하여 4대 문명지를 정한 것이다.

역사에 비추어 보는 세계 149쪽
생각 열기
○ 페루 사람들이 가진 역사와 그들이 벌이는 축제가 가지는 의미를 생각해서 쓰면 됩니다.

많은 지배를 받아온 페루 원주민들이 그 나라에서 살고 있는 진정한 주인임을 알아야 한다는 운동을 벌이기 시작하였다. 그들은 조상들이 숭배했던 태양신을 모시는 축제를 치루면서 찬란했던 잉카 제국을 기억하고 다시 그런 영광이 오기를 바라고 기원하는 것이다.

논술 한 단계 151쪽
1. 예문 요약

	예문 1	예문 2
요약	(1) 사람을 제물로 바치는 것은 우리가 오래전부터 해오던 풍습이다. (2) 아스텍 사람들은 세상에 종말이 오는 것을 막기 위해 신께 제물을 바쳤다. (3) 다른 사람들은 우리 문화와 전통을 제대로 알지 못한다.	(1) 산 사람 심장을 꺼내어 제물로 바치는 것은 무지하고 야만스러운 행위다. (2) 사람 목숨을 일부러 죽이는 행위는 어떤 종교라도 절대로 용납될 수 없다. (3) 옳지 않은 풍습은 없애야 한다.

2. 아버지가 주장하는 까닭
아스텍 사람들이 인신 공양을 한 것은 종교적 믿음 때문이었다. 다른 나라 사람이 아스텍 문화도 모르고 그것을 잔인하다며 간섭할 수는 없다.

논술 한 단계 130쪽
1. 비교와 대조

	예문 1	예문 2
대조	(1) 부지런하고 마음씨가 착하다. (2) 아버지 눈을 뜨게 하기 위한 공양미가 필요해 인당수에 몸을 던진다.	(1) 자기를 괴롭히는 새왕비에 대한 미움이 없다. (2) 새왕비에게 끊임없이 위협당한다.
비교	주위 환경에 대해 불평하지 않는다.	

2. 동화 속 주인공 성품에 대한 자기 생각

이야기를 극대화시키기 위한 장치이다. 옛 이야기는 입에서 입으로 구전되어 내려왔다. 이 과정을 통해 이야기를 들으며 내용을 덧붙이거나 뺀다. 허구라는 틀 안에서 화자는 주인공에 대한 동경을 그려 넣었을 것이다. 예쁘면 다 괜찮다는 식의 이야기들은 더이상 환영받지 못한다. 얼굴이 예쁘다고 무조건 성격이 좋은 것은 아니다.

13 현종과 양귀비, 그리고 당나라 멸망

탐구하기 134쪽
당나라 현종이 정치를 잘해 나라를 안정시킨 713년부터 741년까지 28년동안을 말한다.

탐구하기 135쪽
안사의 난 과 황소의 난

탐구하기 136쪽
불교, 율령, 한자, 유교

해석하기 137쪽
○ 절도사들이 변방에서 세력을 키울 수 있었던 배경을 쓰면 됩니다.

안사의 난과 황소의 난으로 쇠약해진 당나라가 국경 지역에서 세력 확장을 하고 있는 절도사들을 통제하기 어려웠기 때문이다.

토론하기 138쪽
예시 답안

○ 장안에 세계 각지에서 온 사람들이 모일 수 있었던 이유를 쓰면 됩니다.

전쟁이 없었기 때문이다. 당나라를 위협했던 주변 국가가 멸망하자 만리장성 안에 사는 사람들은 전쟁에 대한 두려움이 없어졌다. 그래서 문화와 경제 교류가 자유롭게 이루어졌고, 수도 장안은 많은 사람들이 모인 국제도시가 될 수 있었다.

역사에 비추어 보는 세계 139쪽
생각 열기

○ 한 나라 두 체제가 가지는 장점을 쓰면 됩니다.

중국은 공산주의 국가이지만 중국 본토에서는 부분 자본주의 정책이 진행되고 있다. 반환된 시점부터 홍콩에 공산주의 체제가 도입된다면 홍콩에서 유지되고 있던 관광, 무역이 혼란스러워질 것이다. 또 공산주의 사상이 쇠퇴해 가고 있는 현대 사회에서 구시대적인 사상을 고집해서 사회 혼란을 일으킬 필요가 없기 때문이다.

논술 한 단계 141쪽
1. 각 나라의 도자기 비교

	비교
예문 1	(1) 중국 당나라 때에 만들어졌다. (2) 초록색, 황색, 백색 또는 초록색, 황색, 남색 세 가지 빛깔을 잿물과 섞어 광택이 나게 만든 도자기이다. (3) 껴묻거리로 만들기도 하였다.
예문 2	(1) 고려 시대에 만들어진 도자기이다. (2) 상감 기법으로 만들어졌다. (3) 구름에 학을 배합한 운학 무늬와 국화 무늬가 가장 많이 쓰였다.
예문 3	(1) 정유재란 때 일본으로 끌려간 도공 이삼평에 의해 유래되었다. (2) 청자, 백자, 청화백자 영향을 받았다. (3) 명나라 말기 적회식 자기 제조 방법을 본 따 직물 무늬에서 회화적인 무늬가 나타났다.

2. 나라마다 도자기 특징이 다른 이유

도자기 재료로 쓰이는 흙 재질, 유약에 첨가되는 재료가 다르고 시대마다 사람들이 선호하는 모양과 색이 다르기 때문에 나라마다 또는 지방마다 다르게 발달할 수 밖에 없었다. 또 그 시대의 정치·사회·문화를 반영시켜 색이 달라

첨삭 지도

역사에 비추어 보는 세계 119쪽
생각 열기
○ 이이토코토리 정신이 가지고 있는 장점과 단점에 대해 생각해 보고 쓰면 됩니다.

장점 누군가가 개발한 것을 바탕으로 만들기 때문에 개발 아이템을 선정하기가 쉽고, 개발비용이 절약된다. 단점을 개선해서 더 좋은 물건을 만들면 되므로, 그만큼 제품을 만드는 시간도 절약되어 값싸고 질 좋은 제품을 만들 수 있다. 또 국민 모두가 민족의 우수성만을 듣고 보게 되면, 국민으로서의 자부심도 생길 것이다.

단점 새로운 창의력이 점점 더 중요해지는 현대에 남의 것을 베끼기만 해서는 발전하는 데 한계가 있다. 자신들에게 이득이 되거나 좋은 점만 보여줄 것이 아니라 나쁜 점도 스스로 인정해야 한다. 그래야만 더 큰 발전을 이룰 수 있다. 역사 왜곡을 계속한다면 주변 국가들로부터 외면을 당하게 될 것이다.

논술 한 단계 121쪽
1. 장점과 단점

	예문에 나타난 장단점	내가 느끼는 장단점
장점	(1) 아이들이 몰입할 정도로 재미있다. (2) 남녀노소 누구나 할 수 있는 게임이다. (3) 두뇌 개발 프로그램을 반복하면 익숙해져서 계산력이 높아진다.	(1) 자투리 시간을 때우기 좋다. (2) 게임 종류가 다양해서 지루하지 않다. (3) 갖고 다니기 쉬워 언제, 어디서나 할 수 있다.
단점	(1) 닌텐도 증후군을 일으킬 수 있어 건강에 좋지 않다. (2) 가격도 비싼 편이고, 계속 나오는 소프트웨어는 늘 불만을 느끼게 한다. (3) 밖에서 함께 어울려 노는 즐거움을 잃게 한다.	(1) 게임기가 없는 친구는 다른 친구 것을 어깨너머로 훔쳐보면서, 게임기 주인에게 잘 보이려고 애쓴다. (2) 게임에 빠져 시간 가는 줄도 몰라 꾸중을 듣는다. (3) 게임을 모르면 친구 사이에서 따돌림을 받는다.

2. 게임 증후군을 극복하는 방법

시간을 정해서 게임을 하면 꾸중을 듣지 않을 수 있다. 건강을 해칠 수도 있으므로 오랜 시간 계속하지 않도록 한다. 또 체력을 기르기 위해서라도 실내에서만 놀지 말고, 밖에서 친구들과 함께 뛰어논다. 소프트웨어 가격이 비싸므로, 소프트웨어는 친구들과 서로 빌려 쓰도록 한다. 게임기가 없는 친구에게 상처를 줄 수도 있으므로, 빌려줄 마음이 없으면 친구들 앞에서 하지 말아야 한다. 게임을 모른다고 주눅들 필요는 없다. 몰라도 당당하게 행동하도록 해야 한다.

12 수나라와 당 태종, 그리고 측천무후

탐구하기 124쪽
대운하 건설, 고구려 정벌 실패, 그리고 나라 안에서 일어난 반란으로 국력이 약해지고 혼란에 빠져 망하였다.

탐구하기 125쪽
조·용·조의 의무(토지에 대한 세금, 사람에 대한 세금, 가구 수에 대한 세금)

탐구하기 126쪽
반대파를 제거하고, 과거제도를 통해 인재를 등용했다.

해석하기 127쪽
○ 당나라가 발전하게 된 과정을 살펴보게 합니다.
중국 경제가 하나로 통일될 수 있었다. 수도인 장안으로 많은 인구가 유입되었고, 대운하로 남북의 문화와 경제가 교류할 수 있게 되어 실질적인 통일을 이루었다.

토론하기 128쪽
예시 답안
여성에 대한 편견 때문이다. 중국은 남성 우월주의 사상이 지배적인 나라이다. 여황제를 왕으로 인정하지 않는 것은 여성에 대한 편견 때문이다. 그래서 측천무후를 여황제로 인정하지 않는 것이다.

역사에 비추어 보는 세계 129쪽
생각 열기
○ 여성 사회진출의 장단점을 살펴보게 합니다.
가정과 직장 생활에서 균형을 잡는 것이다. 가정을 이루고 있다면 가정생활과 직장 내에서 역할을 제대로 해내야 하며, 한 쪽으로만 치우치지 않도록 하는 것이다.

논술 한 단계 111쪽

1. 예문에 대한 비교와 대조

	예문 1	예문 2
요약	(1) 지나친 경쟁심으로 올림픽 유치에 실패하였다. (2) 서로에 대한 안 좋은 감정이 언어와 문화에 반영되었다.	(1) 영국과 프랑스는 경쟁할 때와 협력할 때를 아는 현명한 경쟁의식을 가지고 있다. (2) 세계 일류 도시가 되기 위해서 상대방이 가지고 있는 좋은 점을 보고 배우고 있다.
비교	영국과 프랑스는 경쟁 관계이다.	

2. 경쟁이 필요한 이유

경쟁은 반드시 필요하지 않지만 사람들이 욕심을 가지는 한 경쟁은 발생할 수밖에 없다. 개인뿐만 아니라 사회, 국가도 각 분야에서 치열하게 펼쳐지는 경쟁으로 발전을 이루어 낼 수 있었다. 지금 우리가 누리고 있는 많은 것들이 경쟁을 통해서 얻어낸 결과이다.

3. 경쟁 의식이 주는 부정적 측면

- 상대방을 의식하다 보면 자신이 가진 부족한 점에 대해 열등감에 시달릴 수 있다.
- 쓸모없는 일에도 무조건 경쟁하기 위해 시간을 낭비할 수 있다.
- 경쟁에서 승리하기 위해 상대를 짓밟거나 속임수를 쓸 수 있다.

4. 경쟁 의식이 주는 긍정적 측면

- 상대방보다 더 좋은 결과를 내기 위해서 자신이 가지고 있는 능력을 최대한 발휘할 수 있다.
- 상대방이 가지고 있는 장점을 본받을 수 있다.
- 상대방에게 뒤처지지 않도록 항상 노력하게 된다.

5. 바람직한 경쟁 의식

진정한 경쟁 의식은 누가 이겼고 누가 졌는가 하는 결과에 상관없이 그 과정에서 최선을 다할 수 있도록 서로에게 자극을 주는 것이다. 경쟁 의식은 상대로부터 내가 가지지 못한 장점을 배움으로써 서로가 함께 발전할 수 있는 계기를 마련해 준다.

11 쇼토쿠 태자와 다이카 개신

탐구하기 114쪽

관위 12계, 헌법 17조, 수신사 파견

탐구하기 115쪽

중앙 정부에서 직접 관리들을 임명하고, 모든 토지와 백성을 지배한다는 것이다.

해석하기 116쪽

◐ 백제 성왕이 왜 일본에 많은 지원을 했을지 본문에서 찾아 쓰면 됩니다.

일본을 도와주면서 발전시킨 다음 고구려를 공격할 때 도움을 받기 위해 불교를 비롯한 많은 선진 문물을 전해 주었다.

해석하기 117쪽

◐ 두 종교를 함께 섬기는 일본 사람들에 대해 자기 생각을 쓰면 됩니다.

종교란 믿는 사람들 마음을 편안하게 해주는 것이라고 생각한다. 다른 종교라고 배척하기 보다는 좋은 점을 두루두루 받아들인다면 정신 건강에도 도움을 줄 것이다.

토론하기 118쪽

예시 답안

◐ 일본 역사서에 있는 고대 역사를 믿을 수 있는지에 대해 자기 생각을 쓰면 됩니다.

1. 믿을 수 없다. 검증할 수도 없는 내용이 많고, 8세기에 쓰여지면서 민족에 대한 우월성을 강조하기 위해 왜곡도 했다. 왜곡된 역사서는 믿을 수 없다.
2. 믿을 수 있다. 왜곡된 부분도 있지만, 우리나라 역사서에 없는 자료를 일본 역사서에서 발견하는 경우가 종종 있는 것으로 안다. 역사란 책 한 권만 보는 것이 아니라 여러 관련 자료들을 놓고 비교하는 것이므로 잘 살펴보면 별 문제 없다고 본다.

첨삭 지도

대부분이 왕따를 시키자 겁을 먹고 맞서지 못했다. 난 그런 상황을 보면서 옳지 않다고 느꼈다. 하지만 다른 아이들이 모두 왕따를 시키는 상황에서 나만 다르게 행동할 용기가 나지 않았다. 그리고 왕따 시키는 행동을 하지 않으면 우리 반에서 제일 힘센 아이가 왕따를 시키겠다고 협박을 했다. 겁이 나서 다르게 행동하지 못했다.

다른 아이들도 내키지 않는데 억지로 하는 경우가 많았다. 이런 분위기 때문에 공부를 제대로 할 수도 없고, 친구들과 마음대로 놀 수도 없었다. 때론 물건도 억지로 주어야 하기도 했다. 학교에 가기 싫기도 했다. 왕따를 당하는 아이는 얼마나 괴로울지 짐작이 갔다. 난 이런 것을 보고도 가만히 있다는 것이 얼마나 비겁한 행동인지 알고 있다. 옳지 못한 반 분위기에 휩쓸려 내가 불이익을 받을까 봐 그냥 지내면 나뿐만 아니라 우리 모두에게 불행이다.

이런 분위기를 깨기 위해서는 맞서 싸워야 한다. 우선 앞장서서 왕따 시키는 행동을 하는 아이와 그 주변 친구들에게 옳지 않은 행동임을 용감하게 이야기하고, 억지로 따라하는 아이들에게는 용기를 가지고 당장 닥치는 어려움보다 이런 일이 없어지면 생길 좋은 일들을 알게 해주어야 한다. 또 왕따 당하는 아이에게는 자주 어울리며 힘이 되어 주고, 자신감을 가질 수 있도록 용기를 북돋아 주어야 할 것이다. 그리고 그 친구가 아이들에게 좋은 인상을 주려면 어떤 것이 필요한지 알아봐서 친구들에게 호감을 주는 아이가 되도록 도와줄 것이다. 무엇보다 내가 흔들리지 않고 이 모든 것을 끝까지 지킬 수 있도록 노력할 것이다.

10 중앙 집권화를 위해, 백년 전쟁과 장미 전쟁

탐구하기 104쪽
- 프랑스 왕위 계승 문제 때문에 전쟁이 일어났다.
- 플랑드르와 기엔 지방 영토를 서로 차지하려고 전쟁이 일어났다.

탐구하기 105쪽
중세 시대 사람들은 사제를 거치지 않고는 신의 계시를 받을 수 없다고 생각하였다. 그런데 잔 다르크가 신의 계시를 받았다고 주장하니까 그녀를 마녀라고 생각하여 화형에 처했다.

탐구하기 105쪽
귀족들끼리 서로 죽이던 장미 전쟁이 끝나자 영국 귀족들은 엄청나게 줄어서 예전처럼 강한 힘을 발휘하지 못하게 되었다. 따라서 영국은 왕권 중심으로 정치가 이루어져서 중앙 집권 국가로 발전하였다.

해석하기 107쪽
대포 같은 신무기가 발달하면서 전쟁 방법이 변화하였다. 그래서 기사들이 전쟁에서 할 역할이 사라져 버렸기 때문이다.

토론하기 108쪽
예시 답안
◎ 전쟁 내내 승리를 거두었던 영국이 패배하고 프랑스가 승리할 수 있었던 까닭에 대해 생각해 보면 됩니다.

군사 기술이 발달했기 때문이다. 장궁 때문에 지고 있던 프랑스군이 화약으로 만든 대포를 사용하면서부터 승리를 거둘 수 있었고 전세를 역전시킬 수 있었다. 대포는 영국군이 사용하던 장궁보다 사정거리가 길었다. 그래서 먼 거리에서 대포 한 방으로 성을 부수고, 많은 군인들을 죽일 수 있었다. 대포 같은 강력한 신무기가 없었더라면 프랑스는 이길 수 없었을 것이다.

역사에 비추어 보는 세계 109쪽
생각 열기
◎ 자신의 이름 대신 '제2의 ○○'이라고 불리는 것에 대해 생각해 보고 자기 생각을 쓰면 됩니다.

'제2의 ○○'이라고 불리는 것이 그 사람이 어떤 사람인지 알 수 있게 하거나 관심을 끌 수도 있지만, 오히려 그런 이미지가 굳어질 가능성도 많다. 사람은 누구나 다양한 면을 가지고 있는데 어느 한 면만 강조하다 보면 그 사람을 제대로 파악할 수 없게 된다.

09 영국 대헌장과 양원제

탐구하기 94쪽
대헌장 승인 뒤에 왕은 권한이 크게 줄어들었고, 귀족과 성직자들은 권한이 늘어났다. 이는 곧 의회 탄생으로 이어졌다. 그리고 뒷날 왕권과 의회가 대립할 때 왕이 마음대로 하는 것을 막고, 국민들 자유와 권리를 지켜내는 문서로 사용되어져 입헌 정치 바탕이 되었다.

탐구하기 95쪽
- 의회제도를 처음으로 시작한 사람 : 시몽 드 몽포르
- 귀족, 성직자, 기사, 자치 시 대표 등이 참가했다.

탐구하기 96쪽
토리당, 휘그당

해석하기 97쪽
일반 백성과는 상관없이 귀족과 성직자들만을 위한 문서이기 때문이다.

토론하기 98쪽
<예시 답안>
국민 대표가 참여하는 회의가 일찍부터 발달했다. 처음에 여러 신분 대표들이 귀족원과 서민원이라는 양원제 형식을 취하여 소집되었다. 이때 의회가 '모범 의회'로 국민이 직접 정치에 참여해 나라 일을 의논할 수 있고, 왕은 나라 전체 상황을 파악하면서 정치를 하고, 시민에게 세금을 걷을 수 있는 길을 만들 수 있었다. 이는 근대 국가로 향한 길을 앞당기는 역할도 하였다.

역사에 비추어 보는 세계 99쪽
<생각 열기>
- 지도자들이 자기들 생각만 하고 나라 일을 돌보지 못해 국민들은 많은 어려움에 빠질 것이다.
- 의·식·주에 대한 모든 것들이 불안정해 불안에 빠질 것이다. 또 무엇보다 안전에 대한 두려움이 클 것이다.

논술 한 단계 101쪽

1. 각 예문에 대한 요약

	예문 1	예문 2
요약	(1) 어린 나이에 강제로 결혼했다. (2) 극히 어려운 이혼을 요구했다. (3) 협박과 설득에 아랑곳 하지 않았다. (4) 예물을 돌려받았다. (5) 이혼을 허락받았다.	(1) 여성에게 제약이 많은 사우디에서 록 그룹을 만들었다. (2) 공연을 할 수 없다. (3) 얼굴을 내놓고, 피어싱을 했다. (4) 보통 평범한 가정에서 자랐다.

2. 두 인물이 처한 어려움
<예문1> 이혼하고 싶지만 주변 반대에 부딪혔다.
<예문2> 그룹이 공연을 할 수 없고, 사진도 찍을 수 없다.

3. 어려움을 극복하는 방법
<예문1> 협박과 설득에도 꿋꿋이 버티며 세계 언론과 사회에 알려 도움을 요청했다.
<예문2> 술, 마약 같이 절대 하지 말아야 할 것은 하지 않았고, 히잡을 벗거나 피어싱을 하는 등 남에게 해를 입히지 않고 개성을 살릴 수 있는 것은 관습에 상관없이 했다.

4. 내가 극복하고 싶은 일
학교에서 왕따 당하는 친구를 도와주지 못한다.

5. 어려움을 극복하는 방법
- 왕따를 시키는 친구들에게 잘못된 행동임을 말한다.
- 분위기 때문에 억지로 왕따를 시키는 애들을 설득해서 왕따 분위기를 점차 없애나간다.
- 선생님께 도움을 청한다.
- 아이들 눈치를 보지 않고 왕따 당하는 친구와 꾸준히 놀아 준다.
- 왜 왕따를 시키는지 이유를 알아봐서 왕따 당하는 친구에게 대비하도록 일러준다.

6. 옳지 않은 환경에 맞서 싸우는 방법
우리 반에는 왕따를 당하는 아이가 있다. 그 아이가 잘못한 것이 없는데도 아이들은 그 아이를 피하고 따돌리고 심지어는 욕설을 하며 때리기도 한다.
처음에는 그 아이도 대항을 했었다. 그러나 반 아이들

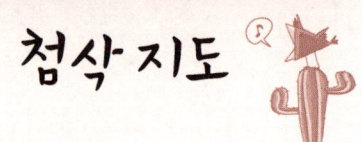

첨삭지도

탐구하기 86쪽
- 교황 권위와 장원 제도를 뒤흔들어 중세 봉건 시대를 몰락하게 하였다.
- 서유럽보다 훨씬 앞선 문화를 자랑하던 비잔틴 문화와 이슬람 문화를 접하면서 유럽이라는 좁은 세계를 벗어나 더 넓은 세계에 눈을 뜰 수 있게 하였다.

해석하기 87쪽
자기들 나름대로 자신이 처한 위치에서 이익을 얻기 위해서였다.

토론하기 88쪽
예시 답안
◯ 십자군 전쟁은 오랜 기간 동안 벌어졌던 전쟁이라 유럽 사회에 많은 변화를 주었습니다. 이런 변화가 어떤 영향을 끼쳤는지 생각해 보면 됩니다.

좋은 영향을 끼쳤다. 전쟁을 통해서 비잔틴과 이슬람 세계가 지녔던 뛰어난 문화를 경험할 수 있었고 교류도 이루어졌다. 따라서 앞선 과학기술이나 학문 등을 새롭게 받아들여 발전시킬 수 있는 기회가 주어졌고 이것이 르네상스로까지 이어지게 되었다.

역사에 비추어 보는 세계 89쪽
생각 열기
◯ 종교가 서로 다른 나라들 간에 끊임없이 갈등이 일어나는 까닭에 대해 생각해보면 됩니다.

자신과 다른 종교를 믿는 사람들과 갈등이 일어나는 까닭은 자신이 믿는 종교 외에는 다른 종교를 인정하지 않기 때문이다.

모든 사람들이 똑같은 가치관과 생각을 가질 수 없듯이 모두 똑같은 종교를 믿을 수는 없다. 서로 다르다고 적대시하지 말고 서로 다름을 인정하고 믿음을 존중하고 배려해 주면 갈등이 줄어들 것이다.

논술 한 단계 91쪽
1. 비교와 대조

	예문 1	예문 2
대조	(1) 쇠똥구리는 토끼가 도움을 요청하자 도움을 주려고 하였다. (2) 그러나 독수리는 토끼가 자신보다 약하고, 쇠똥구리도 하찮은 존재라고 무시하였다. (3) 무시당한 쇠똥구리는 자신이 당한 만큼 독수리도 고통을 받도록 복수하였다.	(1) 적이 어려운 처지일 때를 노려 공격하지 않고 오히려 배려해 주었다. (2) 전쟁에서 이길 수 있는 기회가 있었지만 생명을 소중히 여겼기 때문에 평화적인 외교를 택했다. (3) 자신들을 해친 적들에게 보복하지 않고 관용을 베풀었다.
비교	우리는 다른 사람들과 때때로 갈등을 일으킨다.	

2. 예문1 처럼 갈등이 생긴 이유
- 자신보다 약하고 하찮은 존재를 함부로 대하고 무시하기 때문이다.
- 다른 사람을 배려하지 않기 때문이다.

3. 예문2 갈등 해결 방법
다른 사람을 배려하는 것이다. 누구를 위해 주는 행동이 바로 배려하기인데, 살라딘은 자신과 종교가 다른 적군에게나 자신보다 신분이 낮은 부하에게나 그들 상황을 이해하고 따뜻하게 감싸주었다.

4. 종교 갈등 극복 방안
배려하기는 사람을 사람답게 대하는 것이다. 왜냐하면 사람은 누구나 귀하고 소중한 존재이기 때문이다. 그러므로 종교나 생각, 처지, 신분이 다르다고 남을 함부로 배척해서는 안 된다. 이 세상을 함께 살아가는 사람이므로 서로 다름을 인정하고 그 다름을 서로 존중하고 배려해야 한다. 종교를 믿는다는 것으로 다른 종교인들을 비난하고 본인이 믿는 종교를 강요해서는 안 된다. 다른 종교에 대한 배려와 존중이 없다면 또다시 십자군 전쟁 같은 역사를 반복할 수밖에 없을 것이다.

받아야 한다. 교회 지도자 임명권을 황제에게 준다는 것은 교회 자체를 황제에게 맡기는 것과 같고 교황 또한 황제 신하가 되는 것이기 때문에 임명권은 교황이 가져야 한다.

역사에 비추어 보는 세계 79쪽
생각 열기
◯ 중세와 오늘날 교황 선출 과정에 대해 본문에서 찾아보고 선출된 교황의 생활에 대해 자기 생각을 쓰면 됩니다.

중세에는 추기경들이 새로 교황이 될 사람 이름을 의견을 모아 동시에 불렀을 때 교황으로 인정하는 방법과 추기경들 중에서 선거위원을 뽑아 교황 선출을 주도하는 방법이 있었다. 그리고 투표로 결정하는 방법은 오늘날까지 교황 선거로 이어지고 있다. 현재는 모든 추기경이 비밀회의를 열어 익명으로 투표를 반복하여 3분의 2 이상 찬성표를 얻은 사람을 교황으로 선출한다. 교황으로 선출되면 일상 생활에서 때로는 아주 사소한 것까지 규제를 받으며, 일주일에 한 번씩은 신부에게 자신이 지은 죄를 고백해야 한다. 하지만 가톨릭 교회 전체를 통솔하는 절대적인 권력을 갖게 된다.

논술 한 단계 81쪽
1. 문제점 요약

	예문 1	예문 2
요약	(1) 그레고리우스 7세가 교황이 되자 '성직자 임명권은 교황에게 있다'고 선언했다. 그러자 하인리히 4세는 성직자 임명권을 뺏기지 않으려고, 독일 주교 회의에서 교황을 폐위한다고 선언했다. (2) 교황은 황제를 파문하고 퇴위를 선언함으로써 이와 맞섰다. (3) 하인리히 4세는 교황을 만나기 위해 카노사로 가서 3일 동안 파문을 철회해 달라고 매달렸다. 황제는 사면 조치를 받았으나 두 사람 대립은 끝날 줄 몰랐다.	(1) 반장인 이강해는 선생님을 대신해서 숙제 검사, 청소 검사는 물론 체벌권까지 가지고 있다. 아이들은 반장 말이라면 절대복종했다. (2) 서울에서 전학 온 나세찬은 강해가 가진 절대 권력에 맞서, 아이들을 자기편으로 만들기 위해 여러 방법을 사용했지만, 강해가 가진 권력과 폭력 앞에 물거품이 되고 말았다. (3) 세찬이는 아이들과 점점 어울리지 못하고, 온갖 불이익을 당했다. 결국 세찬이는 저항을 포기하고, 강해 마음을 얻게 되어 편안한 학교생활을 할 수 있었다.

2. 저항하는 행동
예문 1 그레고리우스 7세는 교황이 되자 '성직자 임명권은 교황에게 있다'고 선언하자, 하인리히 4세는 독일 주교 회의에서 교황을 폐위한다고 선언했다. 교황은 다시 황제를 파문하고 퇴위를 선언함으로써 이와 맞섰다.

예문 2 이강해 권력 앞에 적응하지 못하고 저항했다. 권력에 맞서서, 아이들을 자기편으로 만들려고 먹을 것을 사주고 학용품을 선물했다.

3. 권력 굴복 방식
예문 1 하인리히 4세는 알프스 산을 넘어 3일 밤낮을 교황 숙소 앞에서 파문을 철회해 달라고 매달렸다. 결국 황제는 사면 조치를 받았다.

예문 2 세찬이는 저항을 포기하고, 강해 마음에 들기 위해 아끼는 게임기를 선물했다. 그리고 편안한 학교생활을 할 수 있었다.

4. 우리 주변에서 볼 수 있는 권력 다툼
새 학기가 시작 되면 각 학급에서 반장 선거를 하게 된다. 아이들은 반장이 되기 위해 힘으로 위협하는 아이도 있고, 어떤 아이는 선물 공세로 자신을 지지해 줄 것을 호소하기도 한다. 반장이 되고 난 후, 아이들은 반장이라는 타이틀을 이용해 권력을 휘두르는 경우도 있다.

08 신은 그것을 원하신다, 십자군 전쟁

탐구하기 84쪽
비잔티움 제국 황제인 알렉시우스 1세가 로마 교황인 우르바누스 2세에게 크리스트교 신자들이 성지인 예루살렘을 순례할 수 있도록 도와 달라고 요청하자, 성지를 되찾기 위해 십자군을 조직하였다.

탐구하기 85쪽
다른 종교를 믿는 사람을 죽이고 약탈하는 것은 하느님께서 주신 정당한 심판이고 영광이라고 여겼기 때문이다.

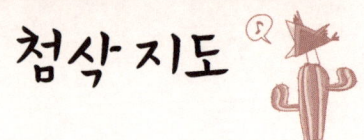

논술 한 단계 71쪽

1. 비교

구분	비교
예문 1	(1) 노동 지대였다. (2) 일주일에 3일가량 영주 땅에서 일하고, 여러 가지 궂은일을 도맡아 해야 했다. (3) 영주에게 지배당하면서 노예처럼 살아야 했다.
예문 2	(1) 현물 지대였다. (2) 농산물 가운데 일부를 영주에게 바치고 나머지는 농노가 가질 수 있었다. (3) 농노는 좀 더 나은 생활을 하게 되었고, 좀 더 많은 농산물을 가지기 위해 노동 지대를 바칠 때보다 더 열심히 일하였다.
예문 3	(1) 화폐 지대였다. (2) 노동력이나 현물로 바쳤던 지대나 세금을 화폐로 내었다. (3) 농노들도 많은 재산을 모을 수 있게 되었고, 그에 따라 지위도 조금씩 올라가기 시작하였으며, 영주에게 돈을 내고 자유로운 신분이 되기도 하였다. 이러한 지대 변화로 농노는 더 이상 영주에게 지배당하면서 노동을 하지 않아도 되었고, 자영 농민으로 발전할 수 있는 기회를 가지게 되었다.

2. 각 예문에서 말하는 농노의 땅에 대한 마음의 차이

▶ 내가 중세 시대 농노라면 과연 어떻게 했을지 생각해본 뒤, 자기 생각을 쓰면 됩니다.

예문 1 오늘은 아침부터 영주 밭에서 일을 했다. 이렇게 힘들게 일했어도 우리 가족에게 돌아오는 것은 겨우 먹고 살만한 정도에 지나지 않는 대가만 돌아온다. 언제까지 이렇게 살아야 하는지, 자식들까지 이렇게 살아야 한다고 생각하니 이 땅에서 도망치고 싶은 마음뿐이다.

예문 2 이제는 지대를 바치기 위해 무조건 영주 밭에서 일을 하지 않아도 된다. 농산물 가운데 영주에게 내고 남은 것은 내가 가질 수 있게 되었다. 그러면서 이전보다 나은 생활을 하게 되었고, 영주도 우리 농노들을 함부로 대하지 않는다. 좀 더 열심히 땅을 일구고 농사를 지어 더 잘 살 수 있도록 노력해야겠다.

예문 3 어제 지대를 내고도 10만 원이나 남았다. 지대를 화폐로 내니 나도 재산을 많이 모을 수 있게 되었다. 기분이 너무 좋다. 나도 이제 내 땅을 가질 수 있지 않을까? 더 열심히 일해서 돈을 모아 자유로운 신분이 되도록 노력해야겠다.

3. 자기 생각 쓰기

화폐 지대를 선택할 것이다. 왜냐하면 중세 말기에는 화폐가 널리 쓰였기 때문이다. 화폐로 지대를 낸 뒤 남은 돈으로 필요한 물건들을 살 수도 있고, 돈이 필요한 영주에게 몸값을 내고 자유로운 신분이 될 수도 있을 것이다.

07 교황권과 황제권 대립

탐구하기 74쪽

하인리히 4세는 성직자 임명권과 수도원 운영을 통해 수입을 얻었는데, 그레고리우스 7세가 교황이 되자 '성직자 임명권은 교황에게 있다'고 선언했다. 교황과 황제는 성직자 임명권이 서로 자신에게 있다고 맞섰다.

탐구하기 75쪽

주교는 교회 안에서 뽑아야 하며, 주교로 취임하기 전에 먼저 왕에게 신하 서약을 해야 한다. 또 주교에게 내리는 땅은 왕이 직접 한다. 또한 왕은 교회가 주교를 선출 할 때 자기 의견을 말할 수 있고 신하 서약을 거부할 수도 있다.

탐구하기 76쪽

새 교황 클레멘스 7세는 아비뇽으로 부임했고, 우르바누스는 계속 로마에 남으면서 이때부터 40년간 두 명의 교황이 동시에 존재하게 되었다. 각자 주교들을 임명하는 등 교황으로서 권한을 행사했다. 이로써 가톨릭 교회는 프랑스 세력과 로마 세력으로 나누어지고, 유럽 여러 나라들은 어느 한 쪽을 선택해야 했다. 이러한 분열로 결과적으로 교황권은 몰락하고 교회 권위도 손상되었다.

해석하기 77쪽

▶ 클뤼니 수도원 생활과 개혁에 성공할 수 있었던 배경을 본문에서 찾아 써 보세요.

능력 있는 수도원장들이 부임하였고, 로마 교황이나 봉건 제후에게 신뢰를 얻었기 때문이다. 또, 불안한 시대에 사는 사람들이 수도원에 관심을 갖게 되었고 농민들과 상류 계급까지 지지하였다. 설립 당시부터 귀족과 대주교 감독에서 벗어나 그들만의 세계를 쌓아 올렸다. 그레고리우스 7세를 비롯하여 개혁에 열의를 보인 교황이나 주교들 가운데는 클뤼니 수도원 출신이 많았다.

토론하기 78쪽

예시 답안

▶ 교황과 황제 중에서 성직자 임명권은 누가 가져야 하는지 생각해 보는 문제입니다.

교황이 가져야 한다. 만일 왕이나 제후가 법을 어긴다면 심판을 받기 위해 재판정에 서게 될 것이다. 하지만 그 사람이 계속 죄를 짓고 속죄하지 않는다면 신으로부터 심판을 하려고 싸웠기 때문에 나라가 분열되었다.

4. 우리가 배울 교훈
예문 1 에서는 세 아들이 보잘 것 없는 유물을 가지고 모두 부자가 되었다. 세 아들은 아버지가 남긴 분수대로 살라는 유언을 잘 지켰다. 이 예문은 보잘 것 없는 물건도 소중하게 쓰일 수 있다는 것을 깨닫게 한다.

예문 2 에서는 왕이 물려준 영토에 만족하지 않고 형제들이 서로 전쟁을 한 결과 나라가 분열되었다. 욕심이 지나쳐서 온 결과이다. 자식이 자격을 갖추지 않았다면 상속 문제는 생각해 보아야 한다. 관습 때문에 행해지는 상속은 나라가 분열되는 결과를 줄 수 있기 때문이다. 그리고 작은 것에 만족하고 가치 있게 활용하는 삶의 지혜가 필요하다.

06 중세 서유럽을 바라보는 눈, 봉건 사회

탐구하기 64쪽
○ 9세기 말, 카롤루스 대제가 죽은 뒤에 일어난 유럽 사회 변화에 대해 알고, 게르만족에 이어 두 번째로 민족 대이동을 한 노르만족이 유럽 사회에 끼친 영향을 얼마나 잘 알고 있는지 묻는 문제입니다.

노르만족이 쳐들어와도 힘 있는 사람들은 성을 쌓고 무기를 갖추어 자기를 보호할 수 있었다. 그러나 힘이 없는 사람들은 힘센 사람들에게 의지하면서 그들 지배 아래 들어갔고, 서양 중세 유럽에 봉건제가 좀 더 빨리 자리 잡게 되는 결과를 가져왔다.

탐구하기 66쪽
○ 봉건 제도는 봉건 사회를 이해할 수 있는 중요한 요소로 그것을 바탕으로 중세 유럽을 얼마나 잘 이해하고 있는지 묻는 문제입니다.

지배층들 사이에 땅을 주고받으면서 신분을 위아래로 나누며 맺은 주종 관계와 봉건 사회 살림을 이끌어가는 중요한 역할을 하였던 장원제이다.

해석하기 67쪽
○ 중세 시대 기사들을 통해 그 시대를 이끌어갔던 세력이 어떤 과정을 통해 이루어졌는지 알고 있는지를 묻는 문제입니다. 그리고 기사도를 통해 당시 서유럽 사회 지배층에 대해 알아보는 문제입니다.

기사는 '중세의 꽃'이라 불릴 정도로 중요한 역할을 하였다. 기사가 된다는 것은 명예와 힘을 가질 수 있는 지배층이 된다는 것을 뜻하므로 많은 귀족들이 기사가 되려고 하였다.
(참고 : 영화 '기사 윌리엄')

토론하기 68쪽
예시 답안

○ 역사에 대한 평가는 나중에 태어난 사람들 몫입니다. 지금 여러분도 그들 가운데 한 사람이 되어 본문 탐구 내용 '중세 봉건제를 좀 더 빨리 생기게 한 노르만족'과 역사 토론을 읽고 생각한 뒤 자신이 생각하는 것을 쓰면 됩니다.

바이킹은 해적이 아니다. 만약 그들이 서유럽 세계로 내려와 물건이나 음식을 빼앗거나 유럽 사람들을 두려움을 떨게 하였다는 것만을 본다면 해적으로 볼 수도 있다. 그렇지만 바이킹은 오늘날 영국인 노르만 왕국, 프랑스로 발전하는 노르망디 공국, 러시아를 이루는 발판인 키예프 공국과 노브고로트 공국과 같은 새로운 나라를 세웠다. 그리고 고향인 스칸디나비아 반도를 떠나지 않은 바이킹도 노르웨이, 스웨덴, 덴마크라는 나라를 세움으로써 유럽은 오늘날과 같은 모습을 갖추게 되었다. 이런 점으로 미루어 볼 때 바이킹은 해적이 아니다.

역사에 비추어 보는 세계 69쪽
생각 열기
○ 우리는 지금 세계화 시대에 살고 있습니다. 다른 나라에서 일어나는 일들은 더 이상 그들만이 지닌 이야기나 문제가 아닙니다. 투발루 섬이 점점 바다 속으로 가라앉는 것도, 그래서 사람들이 자기 나라를 떠나 다른 나라로 가려는 까닭도 우리가 함께 고민해야 하는 지구 온난화 때문입니다. 지구 온난화 문제는 우리 모두가 같이 해결해 나가야 할 숙제입니다.

투발루 국민들이 자기 나라를 떠날 수밖에 없는 까닭은 섬이 점점 바다 속으로 가라앉으면서 바닷물이 온 섬으로 밀려 들어와 농사를 짓지 못하게 되고, 먹을 물조차 없어졌기 때문이다. 섬이 바다 속으로 가라앉게 된 것은 지구 온난화 때문이다. 그리고 지구 온난화 현상은 지구에 살고 있는 우리 모두가 책임져야 할 문제로써 모두가 함께 고민하고 풀어나가야 한다.

05 프랑크 왕국과 카롤루스 대제

탐구하기 54쪽

첫 번째 이유는 정복한 갈리아 지역 사람들이 크리스트교를 믿고 있었으므로 같은 크리스트교인이 되면 그들을 자기편으로 끌어들일 수 있기 때문이었다.

두 번째 이유는 아내인 클로틸데가 크리스트교를 믿으면서 그에게 항상 크리스트교인이 될 것을 권했기 때문이었다.

탐구하기 55쪽

로마 교회를 위협하던 롬바르드족을 쫓아내고 정복한 땅 일부를 교황에게 바쳤다.

탐구하기 56쪽

교육을 발전시키기 위해서 궁정 학교를 세워 라틴어와 그리스-로마 문화를 익히게 하는 한편 왕실 도서관을 만들기도 했다. 또 궁정을 정치와 행정 중심지 뿐 아니라 교육 중심지로 만들겠다는 생각으로 해외에서 유명한 학자들을 불러들였다. 메로빙거 왕조 풍습이 점차 사라지면서 카롤루스 대제의 영향이 사회에 퍼져 나갔다.

해석하기 57쪽

예시 답안

◯ 프랑크 왕국이 분열하게 된 원인을 본문에서 찾아 요약해 보고 자기 생각을 쓰면 됩니다.

'분할 상속제'로 인한 혼란 때문이었다. 분할 상속은 부족 단위였을 때에는 알맞았지만 왕국일 경우에는 나라가 나누어지고 왕권도 같이 약해진다. 카롤루스 대제가 죽은 뒤로 왕국은 분할 상속제에 따라 손자 세 명에게 나누어졌다. 권력이 갈라지자 서로 불만을 품고 싸우는 일이 계속되었고, 843년에는 베르됭 조약을 맺어 동프랑크, 중프랑크, 서프랑크로 나누었다.

토론하기 58쪽

예시 답안

◯ 게르만족 중 프랑크 왕국이 오랫동안 발전해 나갈 수 있었던 이유에 대해 자기 생각을 자유롭게 쓰세요.

종교를 바꾸면서 로마와 융합해 나갔기 때문이다. 원시종교를 믿었던 프랑크 왕국이 크리스트교로 종교를 바꾼 것은 세력을 키워나가는데 가장 큰 힘이 되었다. 크리스트교로 바꾸자 정복한 땅에 사는 사람들과 종교 때문에 다투는 일이 없었다. 교황이 카롤루스를 서로마 황제로 인정하는 대관식을 가졌을 때, 그 힘으로 카롤루스 대제는 더 강력한 나라를 만들 수 있었다.

역사에 비추어 보는 세계 59쪽

생각 열기

◯ 카롤루스가 프랑크 왕국 문화 수준을 올리기 위해 노력한 배경과 중국이 문맹퇴치를 위해 어떤 노력을 했는지 생각해서 씁니다.

중국은 9년 의무 교육제도를 적극적으로 지원하고 농촌 지역에는 성인들을 대상으로 기술교육을 실시하며, 특히 소수민족이 살고 있는 지역은 '문맹퇴치'를 한층 강화하였다. 그 결과로 초등학교 취학연령 아동 입학률은 99퍼센트 이상이고 중학교 진학률도 97퍼센트에 달하면서, 생활에 잘못된 것이나 부족한 것을 바로 잡아 발전할 수 있었다.

논술 한 단계 61쪽

1. 비교와 대조

	예문 1	예문 2
요약	(1) 가난한 아버지는 죽으면서 세 아들에게 분수껏 살아야 한다는 유언과 보잘 것 없는 유물을 나누어 주었다. (2) 큰아들은 맷돌, 둘째는 표주박과 대나무 지팡이, 막내는 장구를 주었다. (3) 세 아들은 각각 길을 떠나 아버지가 물려준 유물을 이용해 부자가 되었다. 보잘 것 없는 물건도 소중하게 쓰인다는 것을 깨달았다.	(1) 게르만족은 자신이 죽을 때 분할 상속제에 따라서 자녀들에게 영토를 나누어 준다. (2) 상속은 자기가 가지고 있는 땅을 기반으로 넓게 확장 할 수도 있지만 권력을 차지하기 위한 투쟁이 일어날 수 있다. (3) 아버지 카롤루스 대제는 세 아들에게 영토를 분할해 주었다. 하지만 불만을 품은 아들들의 잦은 다툼으로 나라는 분열되었다.

2. 아버지의 유물이 주는 장점

가난한 아버지는 보잘 것 없는 유물을 나누어 주었다. 하지만 세 아들들은 그 보잘 것 없는 유물을 이용해 부자가 되었다.

3. 아버지가 남긴 분할 상속의 단점

아버지 카롤루스 대제가 죽으면서 세 아들에게 땅을 나누어 주었다. 세 아들은 서로 불만을 품고 땅을 더 많이 차지

2. 히잡이나 겉옷을 쓰는 이유

이슬람교에서는 꾸란에 여성들이 외출할 때 얼굴을 가리도록 했고, 조선 시대에는 태종 임금이 명을 내려 여성들이 외출할 때에는 겉옷으로 얼굴을 가려야 했다. 어느 사회에서나 여성들은 아직까지 약자이다. 그래서 여성들이 얼굴을 가리면 남성들과 불필요한 접촉이나 성희롱 등을 줄일 수 있다고 생각한다. 여성들 스스로는 답답함이나 제약 등으로 생각할 수 있겠지만 남성들이 보내는 시선을 차단해서 여성들을 보호하는 수단이 될 수 있다고 본다.

04 팽창하는 이슬람 제국

탐구하기 44쪽

정통 칼리프 시대가 끝나고 세습 왕조 형태로 나라가 바뀌자 정치 지도자로서 역할이 커지게 된 칼리프들이 국가 유지에 필요한 돈을 정복 활동을 통해 마련하려고 했기 때문이다.

탐구하기 45쪽

아바스 왕조는 옴미아드 왕조 때에 아랍인들에게 주어졌던 모든 특권을 폐지하고, 모든 무슬림을 평등하게 대했다. 그리고 이슬람교로 개종한 사람이면 민족이나 출신 지역에 상관없이 관직에 오를 수 있는 기회를 보장했다.

해석하기 46쪽

'한 손에 칼, 한 손에 꾸란'이라는 잘못된 내용이 널리 알려지게 된 까닭은 이슬람교 국가보다 크리스트교 국가들이 세계에서 더 큰 영향력을 행사하며 자신들 영향력이 미치는 국가들에게는 자신들 입장만을 내세워 전달했기 때문이다.

해석하기 47쪽

이슬람 제국이 빠르게 성장할 수 있었던 까닭은 첫째, 비잔티움 제국과 페르시아 제국 등 주변 강대국들이 오랜 전쟁으로 약해졌기 때문이다. 둘째, 무슬림이면 모두가 평등하다는 이슬람교가 가지고 있는 종교 특징 때문이다. 셋째, 다른 나라들보다 가벼운 세금 제도 때문이다.

토론하기 48쪽

예시 답안

미국이나 유럽 국가들 입장을 그대로 받아들였기 때문이다. 왜냐하면 우리나라가 일제강점기로부터 해방이 되고, 대한민국 정부가 수립되고 나서는 미국이나 유럽 국가들 영향을 많이 받았다. 그래서 그들을 배우고 따라잡으려는 노력이 앞서면서 다른 지역에 대한 관심이 별로 없었고, 미국이나 유럽 국가들이 내세우는 관점은 대부분 옳은 것이라 생각하고 받아들였기 때문이다.

역사에 비추어 보는 세계 49쪽

생각 열기

아바스 왕조가 다스리던 이슬람 제국은 모든 무슬림은 하나라는 전통을 만들어냈다. 이러한 전통은 지금도 성지순례를 통해 이어져오고 있고 초승달이 들어간 국가 모양이나 '~스탄'이라는 나라 이름에서도 확인할 수 있다.

논술 한 단계 51쪽

1. 비교와 대조

	예문 1	예문 2
대조	(1) 하루에 다섯 번 예배를 드린다. (2) 모든 예배를 사우디아라비아에 있는 메카를 향해 한다. (3) 구분 없이 누구나 똑같은 방식으로 예배를 한다.	(1) 하루에 한 번 내지 두 번 드린다. (2) 절 안에 모시고 있는 불상을 향해 한다. (3) 불교에서는 스님들이 하는 예불과 신자들이 하는 법회가 구분되어 있다.
비교	(1) 이슬람교와 불교 모두 일정한 시간을 정해 예배를 드린다. (2) 예배를 통해 자신을 다스리고, 바라는 것이 이루어지도록 기원한다.	

2. 종교에서 예배가 행해지는 이유

종교를 가지고 있는 사람이면 누구나 예배를 한다. 시간이나 날짜 등은 종교에 따라 다르기는 하지만 예배를 통해 얻고자 하는 것은 자신이 처한 어려움을 해결할 힘을 얻고, 마음속에 있는 불안을 없애고자 하는 것이다. 또한 지금보다 더 나은 자신을 만들기 위해 끊임없이 스스로를 수련해 가는 과정이기도 하다.

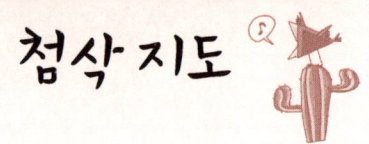

논술 한 단계 31쪽
1. 비교

	비교
예문 1	(1) 황제가 교회 권한까지 갖는 황제 교황주의였다. (2) 오리엔트적 전제군주 정치를 하였다. (3) 중앙집권적 관료제를 실시했다. (4) 둔전병제를 실시해 자영농을 늘렸다. (5) 국가 보호 아래 상공업을 발달시켰다. (6) 수도 콘스탄티노플을 동·서 중계를 통한 무역 중심지로 만들어 많은 사람과 돈이 모이게 했다. (7) 대표적인 비잔티움 양식 건축물에 성 소피아 성당이 있다. (8) 로마와 그리스 법을 정리하여 집대성한 《로마법 대전》을 만들었다.
예문 2	(1) 교황 지상주의를 추구했다. (2) 세속 권력이 지방분권화 되었다. (3) 봉건제가 성립되었다. (4) 농노제를 바탕으로 한 장원제가 발달하였다. (5) 스콜라 철학이 유행했다. (6) 고딕 양식이 유행했고, 대표 건축물에 노트르담 성당, 쾰른 성당이 있다.

2. 자기 생각 쓰기
비잔티움 제국은 서유럽에 비해 좋은 지리적 위치에 있었다. 동방과 서방이 만나는 지점에 위치하고 있어 양쪽 문물을 모두 받아들일 수 있었고, 많은 무역상들이 모여들어 경제적으로 부를 쌓을 수 있었다. 또한 자영농을 육성해 국가 뿌리를 튼튼히 했고, 문화면에서도 많은 힘을 쏟아 국민들이 정신적으로 안정된 삶을 살 수 있었다. 무엇보다 이 모든 것들을 일관되게 실행할 수 있는 왕권이 강력하여 흔들리지 않고 꾸준히 발전을 추구할 수 있었다.

03 무함마드와 이슬람교

탐구하기 34쪽
이슬람교 신도 수가 늘어나자 메카에 있는 부유한 상인과 지배층들이 이슬람교 세력이 커지는 것을 두려워해 박해를 가했기 때문이다.

탐구하기 35쪽
이슬람교를 믿는 무슬림으로서 해야 하는 다섯 가지 의무는 신앙고백인 샤하다, 예배하는 살라트, 돈을 내는 자카트, 라마단 기간에 금식하는 싸움, 성지순례인 핫즈이다.

탐구하기 36쪽
이슬람교 경전인 꾸란을 다른 언어로 번역하지 못하도록 한 까닭은 번역 과정에서 의미 전달을 제대로 하지 못할 수도 있다는 것을 우려했기 때문이다.

해석하기 37쪽
낙타는 돼지에 비해 활용도가 굉장히 높다. 이동 수단, 운반 수단도 되고, 고기를 비롯하여 가죽, 젖, 똥, 오줌 등도 이용할 수 있다. 그리고 물을 한 번 마시면 먼 거리를 이동할 수 있다는 것도 중요한 장점이기 때문이다.

토론하기 38쪽
먹어도 된다. 같은 종교일지라도 지역에 따라 먹지 말라고 하는 음식이 조금씩 다르게 나타난다. 종교는 사람들 생활과 밀접한 관계를 가지고 있는 것이기에 사람들 생활 속으로 들어가면서 조금씩 바뀐다. 먹는 음식도 마찬가지이다. 주변 조건이 바뀌면 그에 맞게 융통성을 발휘할 필요가 있다. 그래야 종교가 더 오랫동안 자리 잡고 발전해 나갈 수 있기 때문이다.

역사에 비추어 보는 세계 39쪽
생각 열기
유일신 사상을 가지고 있는 종교들은 다른 종교에서 믿는 대상을 인정하지 않는다. 자신들이 믿고 있는 종교가 더 우월하다고 생각하기 때문에 종교가 화합이나 평화가 아닌 전쟁과 분쟁이 일어나는 원인이 되고 있는 것이다.

논술 한 단계 41쪽
1. 비교와 대조

	예문 1	예문 2
대조	(1) 히잡은 여성들이 외출할 때 얼굴을 가리기 위해 사용하는 것이다. (2) 히잡은 사용하는 지역이나 나이에 따라 모양과 색깔이 다르다. (3) 지금도 무슬림 여성들은 외출할 때 히잡을 착용한다.	(1) 조선 시대에 사용한 장옷은 처음에는 남성과 여성 구분이 없다가 나중에는 여성들이 외출할 때 사용하는 것으로 바뀌었다. (2) 조선 시대 여성들이 사용한 겉옷은 신분에 따라 달랐다. 양반 여성들은 장옷을, 서민 여성들은 쓰개치마를 사용했다. (3) 의복 양식과 문화가 바뀌면서 지금은 사용하지 않는다.
비교	(1) 이슬람교를 믿는 무슬림 여성들과 유교가 지배한 조선 시대 여성들 모두 외출할 때 얼굴을 가려야 했다. (2) 착용하는 지역이나 나이, 신분 등에 따라 색깔이나 모양 등에 차이가 있었다.	

다. 그래서 우리나라는 단일민족 국가임을 자랑하기도 했으나, 사회가 다양해지고 다른 민족들과 교류를 하게 되면서 단일민족이라는 의미는 그다지 중요하지 않게 되었다. 미국과 같이 여러 민족이 모여 사는 나라는 각 민족이 가진 다양성을 인정하고 그들이 가진 장점을 최대한으로 살려서 잘 이끌어나가는 나라이다. 지금은 많은 인적 자원이 교류하고 있는 세계화 시대이다. 그동안 우리가 단일민족이라고 자랑했던 편협한 민족주의는 버리고 좀 더 포용하는 자세로 다른 민족을 대해야 할 것이다.

02 비잔티움 제국과 유스티니아누스 황제

탐구하기 24쪽
수도인 콘스탄티노플은 아시아와 유럽, 흑해, 에게해에 걸친 중심 무역로에 자리 잡고 있어서 실크로드와 지중해 상권을 이어주는 역할을 하였는데, 이는 유럽 상업을 크게 부활시켰고, 오랫동안 비잔티움을 유럽에서 가장 부유한 국가로 만들어 주었다.

탐구하기 25쪽
예시 답안
- 종교계 혼란을 정리하고 그리스 정교 교리를 확립시켰다. 아프리카 북부에 있는 반달 왕국과 이탈리아에 있는 동고트 왕국, 그리고 에스파냐에 있는 서고트 왕국 일부를 빼앗아 옛 로마 영토 대부분을 회복하여 지중해를 다시 '로마의 호수'로 만들었다.
- 《로마법 대전》을 완성했다.
- 하기아 소피아 성당(성 소피아 성당)을 지었다.

탐구하기 26쪽
대표적 건축물에는 '하기아 소피아 성당(성 소피아 성당)'이 있다. 성당 안은 화려한 대리석과 모자이크 벽화로 장식돼 있고, 아치형 천장에 그리스식 기둥이 세워져 있다. 돔 둘레에는 첨탑이 세워져 있다.

해석하기 27쪽
서로마 교회와 교황 세력을 누르기 위해서였다. 수도원 토지를 몰수하기 위해서였다. 자기를 지지해 주는 세력을 잃지 않기 위해서였다.

토론하기 28쪽
예시 답안
비잔티움은 농업이 발전했고, 상공업과 무역이 발달해 경제적 번영을 이루고 있었다. 이에 종사하는 자영농과 중산층 상인, 장인들은 적이 침입해도 물리칠 수 있는 충분한 군사와 경제력을 제공해 주었다.

역사에 비추어 보는 세계 29쪽
생각 열기
예시 답안

자기 종교를 다른 사람에게 강요하지 않는 나라에서는 분쟁이 일어나지 않지만 자기 종교를 강요하거나 다른 종교를 무시하는 나라에서는 분쟁이 일어난다.

사람들은 저마다 옳다고 생각하는 사상과 신념이 있다. 그 사상과 신념에 따라 종교도 선택한다. 사상과 신념은 쉽게 바뀌지 않는다. 때문에 종교도 쉽게 바뀌지 않고, 그 믿음도 확고하다. 이 때문에 다른 종교를 이해하지 못하고 인정하기 힘들어 하는 종교 갈등이 종종 일어난다. 자기만 옳다고 생각하고 다른 종교가 가진 신념과 사상을 받아들이지 못하는 것이다.

민족과 역사가 다르면 더욱 그렇다. 또 한 나라 안에서 여러 민족이 섞여 살거나, 같은 민족이라도 예전부터 여러 부족으로 나뉘어 오랫동안 다른 문화 속에서 살아온 경우에는 더 자주 일어난다. 또 같은 민족이라도 종교가 삶과 밀접한 관계가 있으면 자기 종교만 유일한 가치라고 생각해 다른 종교를 받아들이지 못한다. 그들은 다른 종교를 믿으면 자기 민족정신을 잃어버린다거나 오랫동안 쌓인 문화가 파괴된다고 생각한다.

이런 태도는 때로는 적대감과 폭력을 불러 분쟁을 일으킨다. 그래서 다른 종교를 가진 사람들을 해치고 생활터전을 파괴하기도 하며, 다른 종교가 가진 문화재를 파괴하기도 한다. 자신의 신념을 상대방에게 강요하지 않고, 상대방의 종교에도 진리가 있다는 점을 인정하는 태도가 필요하다.

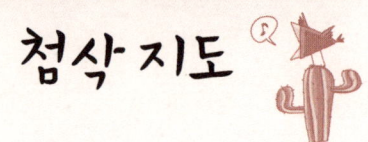

01 게르만족 이동과 중세 성립

탐구하기 14쪽
당시 로마 제국 황제는 왕위를 차지하기 위해 군사력이 있어야 했기 때문에 게르만족들을 로마군으로 받아들였다.

탐구하기 15쪽
유럽이 오늘날과 같은 영토로 나누어지게 되었기 때문이다.

해석하기 16쪽
야만적인 기마 집단이 동쪽 국경을 쳐들어와 사람들을 죽이고, 물건을 빼앗고 집을 불태우는 등 만행을 저지른다는 소문이 퍼졌기 때문이다. 또한 훈족 기마병이 말과 하나가 되어 싸우는 모습에 놀랐으며, 로마인에게는 없었던 네 가지 기술이 있었기 때문이다.

해석하기 17쪽
'그리스－로마 신화'는 영원한 삶을 사는 신들에 관한 이야기다 보니 신들이 멸망하는 이야기는 없다. 그러나 북유럽 신화에 나오는 신들은 완벽하지 않아 임무를 수행해야 자기가 얻고자하는 것을 얻을 수 있다. 심지어 수명이 다하면 죽기 때문에 '먹으면 죽지 않는 사과'를 따기 위해 온갖 고난을 헤쳐 나가기도 한다. 이러한 것이 게임에서 아이템을 획득하는 것과 비슷하여 흥미를 유발할 수도 있기 때문이다.

토론하기 18쪽
예시 답안

1. 도움이 되었다. 왜냐하면 게르만족이 이동함으로써 유럽은 지금 모습으로 될 수 있었고, 중세를 지탱할 수 있게 했던 장원 제도와 기사 제도를 확립되었기 때문이다.
2. 도움이 되지 않았다. 게르만족에 의해 나뉘어졌던 유럽은 지금 다시 화폐를 공동으로 쓰는 유럽 연합이라는 형태로 거대한 제국을 형성하고 있다. 로마 제국이라는 거대한 나라로 있었다면 더욱 힘센 나라가 되었을 수도 있다.

역사에 비추어 보는 세계 19쪽
생각 열기
국제 사회 문제를 한 나라가 책임져야 한다는 것은 옳지 않다고 생각한다. 그리스로 불법으로 입국하려다가 거부당한 사람들은 팔레스타인과 아프가니스탄, 소말리아 등 전쟁 난민으로, 이들은 그리스가 책임져야 하는 사람들이 아니다. 난민들은 그리스의 지형적인 조건 때문에 입국하기 쉬워서 그리스를 선택할 뿐이다. 그러므로 그리스 정부만 비난해서는 안 되고, 유럽 여러 나라가 협력하여 난민들을 도와줄 수 있는 방법을 찾아야 한다.

논술 한 단계 21쪽
1. 비교와 대조

	예문 1	예문 2
대조	(1) 게르만족은 문화적으로 혹은 정신적으로 열등한 사람이다. (2) 게르만족은 야만적이고 폭력적이며 무지한 민족이었기 때문에 침략하여 약탈하는 것이 당연하다.	(1) 게르만 인들은 같은 민족끼리 서로 사랑하지만, 로마인들은 서로를 처형한다. (2) 로마에서는 소수에 의해 다수가 박해를 받는다.
비교	게르만족은 훌륭한 사회문화 유산을 갖고 있었으며, 로마에서 찾고자하는 인간성이 있었다.	

2. 다른 민족이 열등하다고 생각하는 이유
(1) 자기 민족이 가진 문화에 대한 자부심 때문이다.
(2) 다른 민족을 이해하지 못하기 때문에 그들 문화마저도 제대로 해석하지 못하기 때문이다.
(3) 인간이라면 누구나 가지고 있는 남들에게 지고 싶지 않은 욕구가 있기 때문이다.

3. 다른 민족이 열등하다고 생각할 때 생기는 문제점
(1) 자기 민족이 가진 문제점을 모른 채 오만해질 수 있다.
(2) 다른 민족이 가진 우월한 문화를 받아들이지 못할 수도 있다.
(3) 전 세계가 하나가 되어 글로벌화 되어 가는 요즘, 오히려 다른 민족으로부터 배척당할 수도 있다.

4. 바람직한 민족 의식
민족은 그 나라 사람들이 하나임을 연결해주는 고리와 같

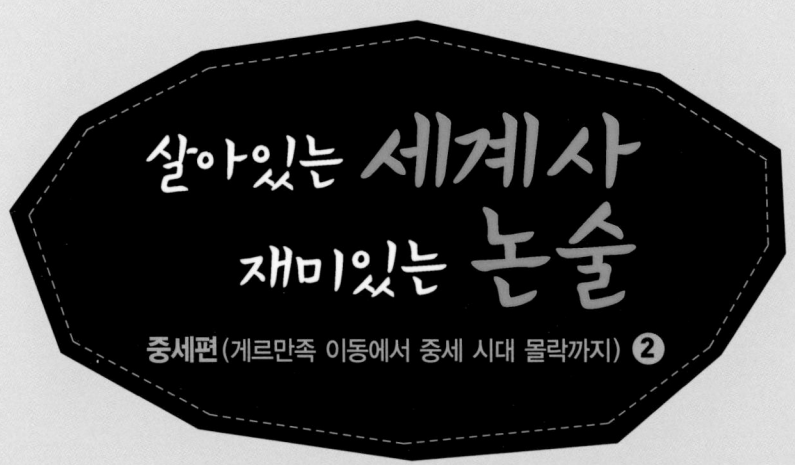

중세편(게르만족 이동에서 중세 시대 몰락까지) ❷

모난돌역사논술모임 지음

첨삭 지도
학습 가이드 & 예시 답안